Arbeitheft Ethik

Band 1: Natur, Schöpfung und Weltreligionen

2. Auflage 2025

Inhalt: Dr. Elisabeth Höhn
Coverbild: © Davizro Photography – AdobeStock.com
Redaktion: Kohl-Verlag
Grafik & Satz: Eva-Maria Noack / Kohl-Verlag
Druck: Druckhaus Flock, Köln

Bestell-Nr. 13 070

ISBN: 978-3-98841-165-5

Bildquellen © AdobeStock.com:
S. 1: Africa Studio; **S. 2**: SK; **S. 4**: patypixie; **S. 5**: nishihata; **S. 6**: nishihata; **S. 7**: y.s.graphicart; **S. 8**: SK, zelwanka; **S. 9**: Mujahid, Juulijs, Watthana Tirahimonch; **S. 10**: vkilikov; **S. 11**: Georgios Kollidas; **S. 12**: caifas; **S. 13**: Vladan, Colorist, Colorist, Rolaks; **S. 16**: fussan; **S. 17**: appledesign; **S. 18**: Igor Zakowski; **S. 19**: guentermanaus; **S. 20**: Fotokon, Blickfang; **S. 21**: ckybe; **S. 22**: Nancie; **S. 23**: Archivist (2x); **S. 24**: Archivist; **S. 26**: rook76; **S. 27**: stepunishi; **S. 28**: Solarisys, Drazen; **S. 29**: Denys Holovatiuk, pixelklex, Abba Richman; **S. 30**: Tetiana, Thomas Mucha; **S. 31**: Abimanyu, C.Stadler Bwag, Ash; **S. 32**: avivmuzi (2x); **S. 33**: brovarky, Bizroug, Dario Bajurin; **S. 34**: Jyoti, SOL; **S. 35**: JULA, hassanmim2021, shalender; **S. 36**: Benoît Strappazon, Pawel Pajor; **S. 37**: Abdul Qaiyoom, ake1150, Bipul Kumar; **S. 38**: 426551572; **S. 39**: Solarisys

Kontakt: Kohl-Verlag, An der Brennerei 37-45, 50170 Kerpen
Tel: +49 2275 331610, Mail: info@kohlverlag.de

Inhalt

Vorwort

Der vorliegende Ethikband 1 „Natur, Schöpfung & Weltreligionen" orientiert sich an den Lehrplänen und lässt sich jederzeit ohne Vorbereitungsaufwand im Ethik- und Religionsunterricht beider Konfessionen an allen Schularten in den Klassen 5-10 einsetzen.

Die Aufgabe des Ethikunterrichtes ist es, einen Beitrag zur Entwicklung der Persönlichkeit und des Charakters zu leisten. Der Ethikunterricht dient der Vermittlung von Werten und Wissen über Religionen und Weltanschauungen. Er fördert die Fähigkeit moralisch zu argumentieren und dabei die Standpunkte anderer zu respektieren.

Schon Deutschlands bekanntester Philosoph Immanuel Kant prägte den Ausspruch „Sapere aude! – Habe Mut, dich deines eigenen Verstandes zu bedienen". Ziel des Ethikunterrichts ist es, die Schüler und Schülerinnen zum kritischen Denken anzuregen.

Das erste Kapitel *Naturwissenschaft und Glaube* beginnt mit der Ansicht zweier bedeutender Forscher über ihre Religion und den Glauben an Gott. Im Anschluss daran werden verschiedene Theorien zur Entstehung der Erde erörtert und es wird die Verantwortung des Menschen für die Schöpfung dargestellt.

In jeder Zeitepoche fragten sich die Menschen, wie die Welt wohl aussieht und welche Stellung sie im Weltall einnimmt. Damals hatten die Menschen noch kein Fernglas, kein Teleskop oder gar die Möglichkeit, Bilder von der Erde oder von den anderen Planeten im Weltall zu machen. Gab es neue umwälzende Erkenntnisse wie z. B. bei Galileo Galilei, verbot man ihm, diese zu verbreiten, ja er musste sie sogar öffentlich widerrufen. Ziel dieses zweiten Kapitels ist es, die Schüler und Schülerinnen mit unterschiedlichen Weltvorstellungen zu konfrontieren und sie zur Auseinandersetzung mit den Weltbildern anzuregen. Dabei werden auch das Leben und die herausragenden Entdeckungen von bedeutenden Astronomen und Forschern wie Galileo Galilei, Johannes Kepler und Isaac Newton beschrieben.

Im nächsten Kapitel sollen sich die Schüler und Schülerinnen mit der Bedrohung der Schöpfung auseinandersetzen. Der zunehmende Klimawandel auf unserer Erde bedroht die Lebensgrundlage von Menschen, Tieren und Pflanzen. Neben der Aufklärung über Ursachen und Folgen des Klimawandels geht es auch um die Möglichkeiten der Bewältigung. Die Schüler und Schülerinnen stellen wesentliche Begründungsansätze für den Umweltschutz dar wie z. B. das Konzept der Nachhaltigkeit. Sie schildern Zusammenhänge zwischen modernen Lebensgewohnheiten und Umweltproblemen wie z. B. der Einsatz von Plastik, Ernährungsweisen, Energieverbrauch etc. Wichtiges Ziel sollte es sein, sie zu einem umweltbewussten Verhalten im Alltag zu befähigen. Am Beispiel historischer Vorbilder wie Franz von Assisi und Albert Schweitzer wird veranschaulicht, was der Mensch zur Bewahrung der Schöpfung beitragen kann.

Das letzte Kapitel schließlich gibt einen kurzen Einblick in die Weltreligionen. Es stellt die fünf großen Religionen der Welt von ihren Anfängen bis zur Gegenwart vor, erklärt, wie sie entstanden sind und welches ihre Gründer, Vertreter, bedeutenden Orte, ihre grundlegenden Riten, Gegenstände, Zeremonien, Feste, Glaubensinhalte und Lebensformen sind.

Vom Methodischen her bringen die Formen der Rätsel und Übungen Abwechslung in den Schulalltag. Sie können sowohl im Frontalunterricht, als auch in Einzel-, Partner- oder Gruppenarbeit eingesetzt werden. Karikaturen, Geschichten, Kurz- und Lückentexte, Buchstabenrätsel und Einsetzübungen aktivieren unterschiedliche Lernstrategien und helfen somit, die Informationen nachhaltiger im Gedächtnis zu speichern.

Viel Freude und Erfolg beim Einsatz der Arbeitsblätter wünschen Ihnen der Kohl-Verlag und die Autorin.

Dr. Elisabeth Höhn

ARBEITSHEFT ETHIK
Band 1: Natur, Schöpfung & Weltreligionen – Bestell-Nr. 13 070

1 Naturwissenschaft und Glaube

Ansichten zweier bedeutender Forscher über Religion und ihren Glauben an Gott:

„Die größte gängige Vorstellung, ich sei ein Atheist, beruht auf einem großen Irrtum. Wer sie aus meinen wissenschaftlichen Theorien herausliest, hat diese kaum begriffen ... Ich glaube an einen persönlichen Gott ... Was mich selbst betrifft, so bin ich davon überzeugt, dass sich die Menschheit ohne Religion noch heute in einem barbarischen Zustand befinden würde. Alles Zusammenleben geschähe unter unvorstellbar primitiven Verhältnissen. Sicherheit für Leben und Eigentum gäbe es kaum und der Kampf aller gegen alle, der ein ständiger menschlicher Trieb ist, würde – das ist meine feste Überzeugung – noch viel grausamer ausarten, als es heute der Fall ist. Die Religion ist es gewesen, die der Menschheit zu einem Fortschritt auf allen Gebieten verholfen hat."

Albert Einstein, Nobelpreisträger für Physik

„Religion und Naturwissenschaft – sie schließen sich nicht aus, ... sondern sie ergänzen und bedingen einander. Wohl den unmittelbarsten Beweis für die Verträglichkeit von Religion und Naturwissenschaft bildet die historische Tatsache, dass gerade die größten Naturforscher aller Zeiten, Männer wie Kepler, Newton, Leibniz von tiefer Religiosität durchdrungen waren."

Max Planck, deutscher Physiker, Nobelpreisträger u. Begründer der Quantentheorie

Verschiedene Theorien zur Entstehung der Erde

- **Das Schöpfungslied der Babylonier**

Das Schöpfungslied entstand vor ca. 4000 Jahren. Es enthält sieben Gesänge mit je etwa einhundertfünfzig Versen. Die Babylonier stellten sich die Entstehung der Erde so vor: Der uranfängliche Apsu zeugte die Götter mit der Urmutter Tiamat. Also stammen in der Folge alle Götter von Apsu und Tiamat ab. Die Götter wollen das Chaos ordnen. Doch sie stoßen auf den Widerstand von Apsu und Tiamat, die das Chaos verkörpern. Deswegen werden sie getötet. Aus den Teilen der toten Götter formt Marduk Himmel und Erde. Die anderen Götter wollen Wesen, die ihnen dienen. So wird der Mensch aus dem Blut des toten Gottes Kingu geschaffen.

- **Die Entstehung der Erde nach der Auffassung des Alten Testaments (1. Mose 1)**

Gott schuf die Erde in sechs Tagen und ruhte am siebten Tag.

1. Tag: ______________________________
2. Tag: ______________________________
3. Tag: ______________________________
4. Tag: ______________________________
5. Tag: ______________________________
6. Tag: ______________________________
7. Tag: ______________________________

- **Neuzeitliche Theorie zur Entstehung der Erde**

Am Anfang war die Erde eine glühend heiße Wolke aus schnell rotierendem Gas. Während einer Abkühlungsphase verdichtete sich die Wolke zu einer breiartigen Kugel. Im Laufe von Jahrmillionen erkaltete diese weiter, und es bildete sich eine feste Kruste. Die Lufthülle bestand aus Methan, Ammoniak und Wasserdampf. Im Zuge weiterer Abkühlung verflüssigte sich der Wasserdampf und bildete die Ozeane.

KOHL VERLAG ARBEITSHEFT ETHIK Band 1: Natur, Schöpfung & Weltreligionen – Bestell-Nr. 13 070

1 Naturwissenschaft und Glaube

- **Die Welt als Schöpfung Gottes**

Nach Auffassung des Judentums, des Christentums, aber auch des Islam ist die Welt durch Gott aus dem Nichts geschaffen worden. Sie ist Gottes Werk. Gott ist der Urgrund allen Seins. In seiner Schöpfung spiegelt sich seine Herrlichkeit.

- **Die Schöpfungsberichte der Bibel**

Die beiden Schöpfungsberichte in der Bibel zeigen: Die Bibel will nicht wie die moderne Naturwissenschaft erklären, wie die Welt entstanden ist. Sie beschreibt die Welt als Schöpfung Gottes und betont die Stellung und Rolle des Menschen in der Schöpfung.

1 Naturwissenschaft und Glaube

Buchstabenrätsel: Der Baum der Erkenntnis

In dem folgenden Buchstabenrätsel sind waagerecht und senkrecht 35 Wörter aus den beiden biblischen Schöpfungsgeschichten versteckt. Suche und markiere sie.

					N	A	C	H	T	V	L	K				
				T	A	G	U	A	E	E	J	I	M	F		
	O	M	E	N	S	C	H	E	N	R	N	G	E	E	T	
G	E	R	K	E	N	N	T	N	I	S	R	A	E	D	P	E
E	V	I	E	H	E	M	U	K	D	U	M	R	R	E	A	U
H	E	N	G	I	H	O	N	N	E	C	I	T	T	N	R	P
I	F	L	A	M	M	E	N	S	C	H	W	E	R	T	A	H
L	S	E	L	M	N	M	I	T	R	U	Y	N	A	A	D	R
F	E	R	D	E	E	E	G	E	E	N	U	A	N	N	I	A
I	W	N	M	L	B	U	S	R	Ü	G	O	L	D	G	E	T
N	P	I	C	H	O	N	E	N	T	I	G	R	I	S	S	L
W	A	L	F	I	S	C	H	E	A	R	I	P	P	E	K	K
W	A	S	S	E	R	F	R	Ü	C	H	T	E	N	K	T	S
	S	C	H	L	A	N	G	E	D	G	P	T	W	U	R	
						A	E	F	T	P						
						C	W	I	I	F						
						H	Ö	N	E	L						
						K	L	S	R	A						
						O	B	T	E	N						
						M	E	E	L	Z						
						M	A	R	I	E						
						E	D	N	C	N						
						N	A	I	H	V						
						M	M	S	T	Ö						
						L	L	F	A	K						
	F	E	I	G	E	N	B	L	Ä	T	T	E	R	T	Q	
	H	I	M	M	E	L	V	V	Ö	G	E	L	E	V	A	

Suchbegriffe:

Adam – Eden – Erde – Erkenntnis – Euphrat – Eva – Feigenblätter – Finsternis – Flammenschwert – Früchte – Garten – Gehilfin – Gewölbe – Gihon – Gold – Himmel – Licht – Menschen – Meer – Nachkommen – Nacht – Paradies – Pflanzen – Pichon – Rippe – Schlange – Sterne – Tag – Tiere – Tigris – Versuchung – Vieh – Vögel – Walfische – Wasser

ARBEITSHEFT ETHIK
Band 1: Natur, Schöpfung & Weltreligionen – Bestell-Nr. 13 070
KOHL VERLAG

1 Naturwissenschaft und Glaube

Verantwortung für die Schöpfung

Die Schöpfungstexte im Buch Genesis stellen die Verantwortung des Menschen für die Schöpfung heraus.

Guter Herrscher

– ______________________________

– ______________________________

– ______________________________

– ______________________________

– ______________________________

– ______________________________

– ______________________________

– ______________________________

1. ***Notiere Eigenschaften eines guten Herrschers. Benenne hierfür Beispiele von Herrschern aus der Vergangenheit.***
2. ***Was bedeutet Verantwortung in Bezug auf die Schöpfung?***
3. ***Welche Verantwortung ergibt sich konkret gegenüber der Erde, den Mitgeschöpfen und der Natur?***
4. ***Die Schöpfung ist ein Geschenk Gottes. Was ist mit dieser Aussage gemeint?***

Eine Handvoll Erde

Mit der Erde kannst du spielen,
spielen wie der Wind im Sand,
und du baust in deinen Träumen
dir ein buntes Träumeland.
Mit der Erde kannst du bauen,
bauen dir ein schönes Haus,
doch du solltest nie vergessen:
Einmal ziehst du wieder aus.

Eine Handvoll Erde, schau sie dir an.
Gott sprach einst: Es werde! Denke daran.

Auf der Erde kannst du stehen,
stehen, weil der Grund dich hält!
Und so bietet dir die Erde
einen Standpunkt in der Welt.
In der Erde kannst du pflanzen,
pflanzen einen Hoffnungsbaum,
und er schenkt dir viele Jahre
einen bunten Blütentraum.

Eine Handvoll Erde, schau sie dir an.
Gott sprach einst: Es werde! Denke daran.

Auf der Erde darfst du leben,
Leben ganz und jetzt und hier.
Und du kannst das Leben lieben,
denn der Schöpfer schenkt es dir.
Unsere Erde zu bewahren,
zu bewahren, das, was lebt,
hat Gott dir und mir geboten,
weil er seine Erde liebt.

Eine Handvoll Erde, schau sie dir an.
Gott sprach eins: Es werde! Denke daran.

Das Lied „Eine Handvoll Erde" stammt aus „Detlev Jöckers 40 schönste Kinderlieder". Markiere in dem Liedtext alle Verben, die zeigen, was der Mensch mit der Schöpfung machen darf.

ARBEITSHEFT ETHIK
Band 1: Natur, Schöpfung & Weltreligionen – Bestell-Nr. 13 070
KOHL VERLAG

2 Weltbilder im Wandel

Unter Weltbilder versteht man die Zusammenfassung der zu einer bestimmten Zeit vorhandenen Erkenntnisse über Natur und Welt zu einer Gesamtschau. Weltbilder haben einen großen Einfluss auf unsere Weltanschauung, unsere Werte und unsere Entscheidungen. Zu allen Zeiten haben sich die Menschen den Aufbau der Welt anders vorgestellt.

Man unterscheidet:

- vorwissenschaftliche Weltbilder: Man glaubte, die Erde sei eine Schildkröte und Sonne, Mond, Sterne sind auf einem Baum.
- wissenschaftliche Weltbilder: Diese beruhen auf Beobachtungen. Man glaubte hier die Erde sei eine Scheibe und schwimmt auf dem Wasser. Über die Erde wölbt sich der Himmel.

Das Weltbild des Altertums

Die Menschen im Altertum – zu diesen zählten auch die Menschen der Zeit von Mose bis Paulus – hatten eine recht naive Vorstellung von der Welt. Sie nahmen an, die Erde sei eine Scheibe und schwimmt auf dem Weltmeer. Diese Scheibe ist eingehüllt in eine Art Glocke, vergleichbar einer Käseglocke. In der Glocke befinden sich in diesem Weltbild die Himmelsfeste, die Sonne, Mond und Sterne, Menschen, Tiere und Pflanzen. Im Mittelpunkt der Welt steht der Mensch.

Das geozentrische/ptolemäische Weltbild

Das geozentrische bzw. ptolemäische Weltbild geht davon aus, dass die Erde Mittelpunkt des Kosmos ist und der Mond, die Sonne und die Planeten Merkur, Venus, Mars, Jupiter und Saturn um die Erde herumkreisen. Das geozentrische Weltbild war jahrhundertelang bis weit ins Mittelalter die vorherrschende Lehrmeinung.

Benannt ist dieses Weltbild nach einem berühmten Astronomen und Mathematiker des Altertums: Claudius Ptolemäus (ca. 100 – 170 n. Chr.). Er fasste das geozentrische Weltbild seiner Zeit in mathematisch ausgearbeiteter Form in dem Monumentalwerk „Mathematike Syntaxis“ zusammen. Diese Ansicht steht in engem Zusammenhang mit der religiösen Grundauffassung der damaligen Menschen, die die Erde als den Ort der Offenbarung Gottes interpretierten. Dieser Meinung waren auch die Reformatoren Philipp Melanchthon und Martin Luther. Man konnte nach diesem Weltbild schon die Position von Planeten genau vorausberechnen. Für die Schiffe auf dem Meer war dies damals von zentraler Bedeutung. Eine weitere bedeutende Leistung Ptolemäus' war die Anfertigung einer Erdkarte. Er legte damit den Grundstein der Kartographie, indem er u. a. das Gradnetz, die Projektionslehre, die Nordorientierung und die kartographische Zeichensprache einführte.

KOHL VERLAG ARBEITSHEFT ETHIK Band 1: Natur, Schöpfung & Weltreligionen – Bestell-Nr. 13 070

2 Weltbilder im Wandel

Das heliozentrische / kopernikanische Weltbild

Anders als das ptolemäische Weltbild nimmt das heliozentrische Weltbild die Sonne als Mittelpunkt des Kosmos an. Alle anderen Himmelskörper, einschließlich der Erde und der Mond, kreisen danach um die Sonne. Dieses Modell wurde im 16. Jahrhundert von Nikolaus Kopernikus (1473 – 1543) entwickelt.

In der Hansestadt Thorn, im heutigen Polen geboren, entstammte Nikolaus Kopernikus ursprünglich einer reichen Kaufmannsfamilie. Da seine Eltern früh starben, sorgte sein Onkel Lucas Watzenrode, Fürstbischof von Ermland für ihn. Kopernikus studierte Astronomie, kanonisches Recht und Medizin in Krakau, Bologna, Padua, Ferrara und Rom. 1497 wurde er Domherr in Frauenburg, 1523 Verwalter des Domstifts.

Nikolaus Kopernikus

Sein Hauptinteresse galt jedoch der Astronomie. Ihn störte, dass Ptolemäus zur Erklärung des Laufes der Planeten auch ungleichförmige Kreisbewegungen zugelassen hatte. Er vermied solche, indem er nicht die Erde, sondern die Sonne in den Mittelpunkt des Kosmos setzte. 1530 legte er die erste Fassung seines Hauptwerkes: „Über die Bewegung der Gestirne“ vor. Die hier zugrunde gelegte Theorie übernahmen später auch Galileo Galilei, Isaac Newton und Johannes Kepler. In seinen Büchern beschäftigte er sich neben dem Lauf der Gestirne intensiv mit der genauen Bestimmung der Jahreslänge. Dies war damals von besonderem Interesse, da eine Kalenderreform immer notwendiger wurde.

Sowohl der Katholizismus als auch der Protestantismus lehnten das heliozentrische Weltbild ab mit der Begründung, wenn die Erde nicht mehr Mittelpunkt des Universums sei, wie sollte der Mensch dann Mittelpunkt der Welt und Ebenbild Gottes sein. An der traditionellen Auffassung, dass die Erde der Mittelpunkt des Universums sei und der Mensch der Mittelpunkt der Welt müsse festgehalten werden. Diese Auffassung teilte auch der Reformator Martin Luther und sprach sich heftig gegen das kopernikanische Weltbild aus.

Das heutige Weltbild

Das Weltall ist unendlich und es existieren andere Galaxien. Die Erde ist rund und ist eine von mehreren Planeten, die sich in elliptischen Bahnen um die Sonne bewegen. Das Sonnensystem wiederum mit der Erde und den übrigen Planeten ist nur ein winziger Teil einer gigantischen Galaxie, der Milchstraße, die ihrerseits nur eine von Milliarden Galaxien unterschiedlichster Größe und Form ist.

Stelle die Unterschiede zwischen den vier Weltbildern kurz dar.

____

____

____

____

____

Bedeutende Astronomen, Gelehrte und Forscher

Galileo Galilei (1564 – 1642)

Setze in den Text die unten stehenden Lückenwörter ein.

Galileo Galilei wurde in Pisa als Sohn eines Tuchhändlers geboren. Als er zehn Jahre alt war, übersiedelte die Familie nach _ _ _ _ _ _ _. Im Alter von vierzehn Jahren trat er als Novize in ein Kloster und wurde dort von _ _ _ _ _ _ _ unterrichtet. 1580 schickte ihn sein Vater zurück nach Pisa, um zu studieren. Während seines Studiums beschäftigte sich Galileo Galilei mit den Schriften des Mathematikers _ _ _ _ _ _ _ _ _ _. 1589 wurde er Professor für _ _ _ _ _ _ _ _ _ _ in Pisa und später in Padua. Dort errichtete er eine Werkstatt und führte feinmechanische Versuche durch. Galileo Galilei beschrieb als erster die _ _ _ _ _ _ _ _ _ _ _ _ _. Er konstruierte den ersten _ _ _ _ _ _ _ _ _ _ _ _ _ _ _ _ _ und entwickelte auch das Fernrohr weiter. Viele seiner Entdeckungen waren für die damalige Zeit bahnbrechend. Er versuchte die Natur durch Kombination von Experimenten, Messungen und mathematischen _ _ _ _ _ _ _ _ zu erforschen.

Galileo Galilei

Aufgrund seiner astronomischen Beobachtungen war ein bedeutender Verfechter des heliozentrischen Weltbildes. Mit Hilfe eines selbst gebauten _ _ _ _ _ _ _ _ _ stellte er astronomische Beobachtungen an. So entdeckte er vier Jupitermonde, die sich nicht um die Erde, sondern auch um einen anderen _ _ _ _ _ _ _ _ _ _ _ _ _ kreisten. Er erforschte auch die Struktur der Mondoberfläche, die Saturnringe und die Lichtphasen der Venus.

1611 wurde Galileo Galilei als Mathematiker und Philosoph an den Hof der _ _ _ _ _ _ berufen. Drei Jahre später predigte der Dominikaner Caccini gegen Galileis Ansichten und befürwortete seine _ _ _ _ _ _ _ _ _ _ _ _. 1616 verbot das Heilige Offizium, die kopernikanische Auffassung als feststehende Tatsache zu lehren. Dennoch gab 1630 Galileo Galilei sein neues Werk „_ _ _ _ _ _ _" heraus, welches die Lehre des Kopernikus vertrat.

Noch im selben Jahr wurde Galilei von der „Heiligen Inquisition" angeklagt. Das Gericht untersagte die Verbreitung des Werks, verlangte _ _ _ _ _ _ _ _ _ _ _ und verurteilte Galilei zu lebenslangem Hausarrest. Er beugte sich dem Urteil und schwor ab. Dadurch rettete er sein Leben vor dem Scheiterhaufen. In der Abschwörungsurkunde hieß es: *„Ich wurde deshalb als der Ketzerei stark verdächtig erachtet, nämlich geglaubt zu haben, die Sonne sei der Mittelpunkt der Welt und unbeweglich, die Erde aber sei nicht der Mittelpunkt der Welt und beweglich. Da ich jedem katholischen Christen diesen starken, mit Recht gegen mich gehegten Verdacht nehmen möchte, schwöre ich ab, verwünsche und verfluche ich mit aufrichtigem Herzen und ungeheucheltem Glauben die angeführten Irrtümer und Ketzereien."*

Nach seinem Widerruf beim Verlassen des Raumes soll er gesagt haben: *„Eppur si muove!"* – *„Und sie bewegt sich doch!"* Erst 1992 wurde Galileo Galilei offiziell von Papst Johannes II. vom Verdacht der _ _ _ _ _ _ _ _ freigesprochen und von der katholischen Kirche rehabilitiert.

Lückenwörter:

Abschwörung – Analysen – Archimedes – Dialogo – Fernrohrs – Florenz – Himmelskörper – Ketzerei – Mathematik – Medici – Mönchen – Pendelgesetze – Proportionszirkel – Verurteilung

KOHL VERLAG ARBEITSHEFT ETHIK Band 1: Natur, Schöpfung & Weltreligionen – Bestell-Nr. 13 070

3 Bedeutende Astronomen, Gelehrte und Forscher

Johannes Kepler (1571 – 1630)

Setze in den Text die unten stehenden Lückenwörter ein.

Johannes Kepler

Johannes Kepler kam 1571 in Weil der Stadt, einer Reichsstadt in der Nähe von Stuttgart, als Sohn protestantischer Eltern zur Welt. Sein Vater, ein _ _ _ _ _ _ _ _ verließ mehrmals die Familie, um im Ausland als Söldner zu dienen. Seine Mutter weckte schon früh sein Interesse für Astronomie, indem sie ihm Naturphänomene wie die _ _ _ _ _ _ _ _ _ _ _ _ _ _ und den Großen Kometen zeigte.
Johannes Kepler soll schon in seiner frühen Kindheit ein ungewöhnliches Verständnis für _ _ _ _ _ _ _ _ _ _ gezeigt haben. Nach Abschluss der Lese- und Schreibschule, der _ _ _ _ _ _ _ _ _ _ _ _ und der Klosterschule begann er 1589 dank eines Stipendiums mit dem Studium der Theologie, Mathematik und _ _ _ _ _ _ _ _ _ _ an der Universität Tübingen. Er studierte bei dem Mathematiker und Astronomen Michael Mästlin und erwarb den Ruf eines genialen Astrologen.
Nachdem er 1591 die philosophische _ _ _ _ _ _ _ _ _ _ _ _ _ erlangt hatte, bekam er 1594 die in Graz freiwerdende Stelle des Mathematiklehrers an einer protestantischen Stiftsschule. Dort begann er mit der Ausarbeitung einer kosmologischen _ _ _ _ _ _ _, die sich auf das kopernikanische Weltbild stützte.
Neben seinen Aufgaben als Mathematiker hatte er auch astronomische _ _ _ _ _ _ _ _ zu erstellen mit Vorhersagen über die Witterungsverhältnisse und besondere Ereignisse. Dies gelang ihm z. B. für das Jahr 1595 recht gut, in dem er sowohl das Wetter, als auch Bauernunruhen und einen _ _ _ _ _ _ _ _ _ _ _ _ _ richtig vorhersagte.
1612 zog Johannes Kepler nach Linz um und nahm eine Stelle als Lehrer, _ _ _ _ _ _ _ _ _ _ und kaiserlicher Mathematiker an. Kaum in Linz angekommen, verwickelt sich Johannes Kepler in religiöse Streitigkeiten, weil er dem protestantischen _ _ _ _ _ _ _ seine religiösen Zweifel anvertraute. Prompt wurde er von der _ _ _ _ _ _ _ _ _ ausgeschlossen, was damals für einen entsprechenden Skandal sorgte. Daraufhin musste er auch Linz verlassen und ging eine Zeitlang auf Reisen. Ab 1627 war er Mathematiker des Fürsten Albrecht von _ _ _ _ _ _ _ _ _ _ _ in Sagan. Im Dreißigjährigen Krieg erstellte er für Wallenstein, dem Oberbefehlshaber der kaiserlichen Armee, _ _ _ _ _ _ _ _ _.
Johannes Kepler entdeckte die Gesetzmäßigkeiten, nach denen sich die Planeten um die Sonne bewegten. Diese Keplerschen Gesetze besagen, dass die Umlaufbahn eine _ _ _ _ _ _ _ ist, Planeten sich nahe der _ _ _ _ _ schneller bewegen und eine größere Umlaufbahn zu einer größeren Umlaufzeit führt. Bereits im Juli 1619 wurde der Druck von Keplers fünf Büchern über die _ _ _ _ _ _ _ _ _ _ _ _ fertiggestellt, die »Harmonices mundi libri V«. Diese enthielten auch seine berühmten Keplerschen Gesetze, die ihn bis in unsere Zeit zu einem der bekanntesten Astronomen machen. Damit entwickelte er das kopernikanische _ _ _ _ _ _ _ _ weiter und prägte nachhaltig die moderne _ _ _ _ _ _.

Lückenwörter:

Astronomie – Ellipse – Horoskope – Kalender – Kartograph – Kaufmann – Kommunion – Lateinschule – Magisterwürde – Mathematik – Mondfinsternis – Pfarrer – Physik –Sonne – Theorie – Türkeneinfall – Wallenstein – Weltbild – Weltharmonik

ARBEITSHEFT ETHIK
Band 1: Natur, Schöpfung & Weltreligionen – Bestell-Nr. 13 070

KOHL VERLAG

3 Bedeutende Astronomen, Gelehrte und Forscher

Isaac Newton (1643 – 1727)

Setze in den Text die unten stehenden Lückenwörter ein.

Der berühmte Physiker, Mathematiker und Astronom Isaac Newton wurde 1643 in Woolsthorpe / England als Sohn eines adeligen __ __ __ __ __ __ __ __ __ __ __ __ __ geboren.

Da sein Vater kurz nach seiner Geburt verstarb, wuchs er bei seiner Mutter und Großmutter auf. Isaac Newton besuchte zunächst die __ __ __ __ __ __ __ __ __ __, später die Lateinschule. Am Schulunterricht war er wenig interessiert. Dafür beschäftigte er sich mit Begeisterung mit experimentellen Forschungen und der __ __ __ __ __ __ __ __ __ __ __ __ von Geräten. Ein Onkel, der Pfarrer war, erkannte Isaacs Talent und bewirkte, dass der Knabe nicht den väterlichen __ __ __ __ __ __ __ übernehmen musste, sondern seiner Neigung folgen konnte.

Isaac Newton

Mit 18 Jahren studierte er an der Universität __ __ __ __ __ __ __ __ __ und hatte das Glück, in Isaac Barrow einen Mathematiklehrer zu finden, der seine Begabung förderte und ihm in wenigen Jahren die Grundlagen der __ __ __ __ __ __ __ __ __ __ __ __ __ __ __ __ __ __ __ vermittelte. Während seines Studiums las Isaac Newton die mathematischen Schriften von Rene Descartes und Johannes Keppler und lernte verschiedene Sprachen.
1669 wurde er __ __ __ __ __ __ __ __ __ für Mathematik.

Von Descartes angeregt, begründete er die Infinitesimalrechnung, die Theorie des __ __ __ __ __ __ und der Gravitationstheorie. Bekannt sind seine Erfolge auf dem Gebiet der __ __ __ __ __. Er erklärte das Lichtspektrum und war Verfechter der Teilchentheorie des Lichts. Er konstruierte ein __ __ __ __ __ __ __ __ __ __ __ __ __ __ __ mit einer gewölbten Linse, mit der er das Licht bündeln konnte. Des Weiteren beschäftigte er sich mit regenbogenfarbigen Ringen, die sich beim Aufeinanderlegen zweier __ __ __ __ __ __ zeigen. Seine Erfindungen stellte er später der Royal Society vor, die ihn daraufhin zum __ __ __ __ __ __ __ __ ernannte.

Die größten Entdeckungen aber machte Isaac Newton in der Astronomie. Aus dem dritten Keplerschen Gesetz, das die Umlaufzeiten der __ __ __ __ __ __ __ __ mit ihren Sonnenabständen in Beziehung setzt, folgerte er, dass die Anziehung der Sonne mit dem Quadrat der Entfernung abnimmt.

Innerhalb kürzester Zeit vollendete er sein Hauptwerk „Philosophiae Naturalis Prinicipia Mathematica", übersetzt: Mathematische Grundlagen der Naturwissenschaft, das 1687 erschien und bis heute als eines der wichtigsten wissenschaftlichen __ __ __ __ __ betrachtet wird. In diesem Werk beschrieb er sein __ __ __ __ __ __ __ __ __ __ __ __ __ __ __ __ __ __.

Die Physik des 18. Jahrhunderts wurde zunehmend von Isaac Newton geprägt. Er lieferte wichtige Erkenntnisse in dem Bereich der Naturwissenschaften und revolutionierte die __ __ __ __ __ __ __ __ __ __. Unter der Fachwelt der damaligen Zeit genoss er einen hervorragenden Ruf und wurde als erster Wissenschaftler Großbritanniens zum __ __ __ __ __ __ geschlagen.

Lückenwörter:

Astronomie – Cambridge – Dorfschule – Gravitationsgesetz – Gutshof – Konstruktion – Lichts – Linsen – Mitglied – Naturwissenschaften – Optik – Planeten – Professor – Ritter – Schafzüchters – Spiegelteleskop – Werke

KOHL VERLAG ARBEITSHEFT ETHIK Band 1: Natur, Schöpfung & Weltreligionen – Bestell-Nr. 13 070

4 Schöpfung in Gefahr

1. ***Beschreibe die vier Karikaturen. Was wollte der Zeichner damit aussagen?***

2. ***Sammle Beispiele, was du zur Bewahrung der Schöpfung beitragen kannst.***

3. ***Erarbeite Möglichkeiten, die zeigen, wie man Umweltschutz im Alltag realisieren kann.***

KOHL VERLAG Lernen mit Erfolg
ARBEITSHEFT ETHIK
Band 1: Natur, Schöpfung & Weltreligionen – Bestell-Nr. 13 070

4 Schöpfung in Gefahr

Die letzten Tage der Schöpfung

Am Anfang schuf Gott Himmel und Erde
Aber nach vielen Jahrmillionen
war der Mensch endlich klug genug.
Er sprach: Wer redet hier von Gott?
Ich nehme meine Zukunft selbst in die Hand.
Er nahm sie, und es begannen
die letzten sieben Tage der Erde.

Am Morgen des ersten Tages
beschloss der Mensch,
frei zu sein und gut, schön und glücklich.
Nicht mehr Ebenbild eines Gottes,
sondern ein Mensch.
Und weil er etwas glauben musste,
glaubte er an die Freiheit und an das Glück,
an die Börse und den Fortschritt,
an die Planung und seine Sicherheit.
Denn zu seiner Sicherheit
hatte er den Grund zu seinen Füßen gefüllt
mit Raketen und Atomsprengköpfen.

Am zweiten Tage
starben die Fische in den Industriegewässern,
die Vögel am Pulver aus der chemischen Fabrik,
das den Raupen bestimmt war,
die Feldhasen an den Bleiwolken von der Straße,
die Schoßhunde an der schönen roten Farbe
der Wurst,
die Heringe am Öl auf dem Meer
und an dem Müll auf dem Grunde des Ozeans.
Denn der Müll war aktiv.

Am dritten Tage
verdorrte das Gras auf den Feldern
und das Laub an den Bäumen,
das Moos an den Felsen und die Blumen
in den Gärten.
Denn der Mensch machte das Wetter selbst
und verteilte den Regen nach genauem Plan.
Es war nur ein kleiner Fehler
in dem Rechner, der den Regen verteilte.
Als sie den Fehler fanden, lagen die Lastkähne
auf dem trockenen Grund des schönen Rheins.

Am vierten Tage
gingen drei von vier Milliarden Menschen
zugrunde.
Die einen an den Krankheiten,
die der Mensch gezüchtet hatte,
denn einer hatte vergessen,
die Behälter zu schließen,
die für den nächsten Krieg bereitstanden.
Und ihre Medikamente halfen nichts.
Die hatten zu lange schon wirken müssen
in Hautcremes und Schweinelendchen.
Die anderen starben am Hunger,
weil etliche von ihnen den Schlüssel
zu den Getreidesilos versteckt hatten.
Und sie fluchten Gott,
der ihnen doch das Glück schuldig war.
Er war doch der liebe Gott!

Am fünften Tage
drückten die letzten Menschen den roten
Knopf,
denn sie fühlten sich bedroht.
Feuer hüllte den Erdball ein,
die Berge brannten, die Meere verdampften,
und die Betonskelette in den Städten
standen schwarz und rauchten.
Und die Engel im Himmel sahen,
wie der blaue Planet rot wurde,
dann schmutzig braun und schließlich
aschgrau.
Und sie unterbrachen ihren Gesang für
zehn Minuten.

Am sechsten Tage
ging das Licht aus.
Staub und Asche verhüllten die Sonne,
den Mond und die Sterne.
Und die letzte Küchenschabe,
die in einem Raketenbunker überlebt hatte,
ging zugrunde an der übermäßigen Wärme,
die ihr gar nicht gut bekam.

Am siebten Tage
war Ruhe. Endlich.
Die Erde war wüst und leer,
und es war finster über den Rissen und
Spalten,
die in der trockenen Erdrinde aufgesprungen
waren.
Und der Geist des Menschen irrlichterte als
Totengespenst über dem Chaos.
Tief unten, in der Hölle, aber
erzählte man sich die spannende
Geschichte
von dem Menschen,
der seine Zukunft in die Hand nahm,
und das Gelächter dröhnte hinauf
bis zu den Chören der Engel.

Jörg Zink

KOHL VERLAG ARBEITSHEFT ETHIK Band 1: Natur, Schöpfung & Weltreligionen – Bestell-Nr. 13 070

4 Schöpfung in Gefahr

1. *Wie sieht Jörg Zink in seinem Text die Zukunft der Welt und der Menschen?*

____

____

____

____

2. *Welche Gefahren sieht der Autor für die letzten sieben Tage der Schöpfung und welche Folgen ergeben sich daraus?*

	Gefahren	Folgen
1. Tag		
2. Tag		
3. Tag		
4. Tag		
5. Tag		
6. Tag		
7. Tag		

3. *Was bedeutet der Herrschaftsauftrag in Genesis 1,28: „Macht euch die Erde untertan?"*

____

____

____

____

____

Schöpfung in Gefahr

Brief einer Pflanze an einen lieblosen Menschen

Lieber Bastian,

ich schreibe dir, weil ich unglücklich bin. Nach den Weihnachtsferien nämlich bist du in dein Internat zurückgekehrt und hast mich vergessen. Schlimmer noch: Du hast mich vergessen wollen, indem du mich ins sonnenlose, ins hinterste Regal gerückt hast zwischen deine Tennis-Trophäen. Dort stand ich vier Wochen lang, ein Ungeliebter, ein Verdorrender, bis deine Mutter gefragt hat: »Wo ist eigentlich der Chilistrauch?« – und dein Vater mich endlich aus der blechernen Umgebung deiner Siege herausgeholt hat. Jetzt stehe ich, zurückgeschnitten, gegossen und gedüngt, am Küchenfenster, ein erbärmlicher Anblick.

Erinnerst du dich, Bastian, vor zwei Jahren bin ich dir von jemandem geschenkt worden, der dich gern hat und um deine Vorliebe für scharfe Gewürze weiß? Es war deine Patentante. Sie sagte: »Geh gut mit deinem Chilistrauch um! Dann wird er eines Tages viele scharfe, rote Früchte tragen, die du einlegen kannst!« Damals freutest du dich; keiner als du selbst durfte deinen Chilistrauch gießen. Ich stand am Südfenster und wuchs und wuchs. Eines Tages wagte deine Mutter, mich umzutopfen. Danach wuchs ich noch schneller. Dennoch hörtest du bald auf, dich um mich zu kümmern. Du merktest es gar nicht, als ich eines Tages aus deinem Zimmer verschwunden war und fortan an der warmen Hauswand stand. Das tat schon ein bisschen weh.

Dann wurde es Herbst und Winter; ich wanderte aufs Fensterbrett in der Küche zurück und war stolz auf meine roten Früchte. Kurz vor Weihnachten kamst du plötzlich, um sie zu plündern. Ein Geschenk würdest du brauchen, sagtest du ein wenig entschuldigend, als du mir die Chilis aus dem Geäst gerissen hast. Meine Blätter blieben auf dem Küchenboden verstreut. Gut, dachte ich damals – ein Geschenk! Als Geschenk für dich, Bastian, waren meine Früchte ja auch gedacht gewesen. Doch dann musste ich zusehen, wie Du hastig und unsachkundig meine prallen Früchte einfach zerstampft hast. Ich musste zuhören, wie Du wenig später verächtlich über mich und Deine missglückte Paste hergezogen bist. Vermutlich hast Du sie inzwischen ebenso weggeworfen, wie mich auch.

Ein Geschenk hast Du von dem, was ich Dir geschenkt habe, nie gemacht. Ich nehme an, Du bist einfach zu faul gewesen, meine schönen tomatenroten Früchte in ein Konservenglas mit Essig einzulegen, und das Glas dann auch noch abzuschicken an deinen großen Bruder, der sich gefreut hätte über etwas, das wie ich zunächst ein wenig in der Nähe deines Herzens gewachsen ist. Ich weiß, Bastian, dass Du und Deine Freunde groß geworden sind in dem, was man die „Wegwerfgesellschaft" nennt. Vorsicht, mein Freund, die „Wegwerfgesellschaft"wirft auch Menschen weg! Und nicht immer sind da achtsame Eltern, die fragen: „Da war doch noch etwas, etwas Lebendiges ... !" und sich auf die Suche machen nach einem dürstenden Chilistrauch. „Die Dinge haben ihre Tränen", sagte einmal ein Kluger; um wieviel mehr müssten wir Pflanzengeschöpfe, wir Tiergeschöpfe „Tränen" haben.

Einmal hast du mich gemocht, und wir durften die Sonne teilen am Südfenster deines schönen Jungenzimmers. Du hast mir Wasser gegeben und gelegentlich auch mit mir gesprochen. Das gefiel mir und – ich gab mir Mühe, dir zu gefallen. So will ich einfach nicht glauben, dass du eines Tags meiner überdrüssig geworden bist. Es gibt doch so etwas wie ein Bündnis zwischen allem, was ist. Der Kern dieses Bündnisses ist Zuneigung, seine Ausdrucksform – Verantwortung! Als ich dir geschenkt wurde, Bastian, bin ich gleichsam übergegangen in deine Verantwortung. Ich wurde zu deinem Besitz. Mit Besitz, verzeih mir, wenn ich das sage, muss man aufmerksam umgehen. Ohne Besitz-Gefräßigkeit, so wie du sie gezeigt hast, als du mich ganz schnell abgeweidet hast vor den Feiertagen. Jetzt stehe ich kahl und fast verdorrt zwischen Schnittlauch und Petersilie in der Küche deiner Mutter. Werde ich überleben? Nicht die Dürre, sondern deine Lieblosigkeit?

Der Chili-Strauch

Was wirft der Chili-Strauch in seinem Brief Bastian vor? Wie hätte er sich dem Strauch gegenüber richtig verhalten sollen?

KOHL VERLAG ARBEITSHEFT ETHIK Band 1: Natur, Schöpfung & Weltreligionen – Bestell-Nr. 13 070

4 Schöpfung in Gefahr

Der Klimawandel und seine Folgen

Seit der Industrialisierung steigt allmählich die globale Mitteltemperatur der Luft in Bodennähe. Wissenschaftlichen Forschungen zufolge ist für diesen Anstieg größtenteils der Mensch verantwortlich. Durch das Verbrennen fossiler Energieträger wie z. B. Kohle und Erdöl und durch großflächige Entwaldung wird Kohlendioxid in der Atmosphäre angereichert. Kohlendioxid, Methan und Lachgas gehörten zu den treibhauswirksamen Gasen. Eine Ansammlung dieser Gase in der Atmosphäre führt zu einer Erwärmung der unteren Luftschichten. Dieser Klimawandel verursacht negative Auswirkungen auf Natur und Menschheit. Verschiedene Ökosysteme werden so über die Grenzen ihrer Anpassungsfähigkeit belastet, sodass Folgeschäden entstehen: Meereis- und Gletscherschmelze, Meeresspiegelanstieg, wachsende Dürrezonen und zunehmende Wetter-Extreme mit entsprechenden Auswirkungen auf die Lebenssituation von Mensch und Tier. Deutschlands Sommer werden immer heißer und trockener, Dürren wahrscheinlicher. Im niedersächsischen Lingen wurde 2019 ein neuer deutscher Temperaturrekord von 42,6 Grad gemessen. Die langanhaltenden Dürreperioden als Folgen des Klimawandels steigern die Waldbrandgefahr in wärmeren Regionen. Im Süden Europas vertreiben die zunehmenden Waldbrände Bewohner und Touristen. 2023 kämpften in 64 Regionen Griechenlands Feuerwehrleute gegen die Flammen. Der Klimawandel bedroht immer stärker die Gesundheit und die Lebensgrundlagen von Menschen, Tieren und Pflanzen.

1. ***Betrachte das oben dargestellte Bild. Beschreibe was du siehst. Auf welchen Zustand will das Bild aufmerksam machen?***
2. ***Erläutere die Formulierung „vom Menschen verursachte Klimaveränderung“.***
3. ***Beschreibe Ursachen und Auswirkungen des Klimawandels.***
4. ***Was bedeutet der Begriff „Klimaaktivismus“?***
5. ***Eine bekannte Klimaaktivistin ist Greta Thunberg. Sie gründete „Fridays for Future“. Wie entstand die Organisation und welche Ziele verfolgt sie?***
6. ***Erörtere den Begriff „Nachhaltigkeit“ und nenne ein Beispiel für Nachhaltigkeit.***
7. ***Was besagt das Konzept des „ökologischen Fußabdruckes“? Berechne deinen eigenen persönlichen CO_2-Fußabdruck mithilfe entsprechender Rechner aus dem Internet.***
8. ***Erläutere Möglichkeiten, deinen ökologischen Fußabdruck zu verringern.***

ARBEITSHEFT ETHIK
Band 1: Natur, Schöpfung & Weltreligionen – Bestell-Nr. 13 070
KOHL VERLAG

4

Schöpfung in Gefahr

Die Welt gerät aus den Fugen - der Klimawandel

1. ***Betrachte die Karikatur und beschreibe was du siehst.***

____

____

____

____

2. ***Was wollte der Zeichner Igor Zakowski mit dieser Karikatur ausdrücken? Auf welches Problem bzw. welchen Zustand macht er aufmerksam?***

____

____

____

____

3. ***Überlege dir eine Überschrift für die Karikatur.***

____

4. ***Was bedeutet der Auftrag in der Schöpfungsgeschichte 1. Mose 28 „Machet euch die Erde untertan". Wie soll der Mensch mit der Natur umgehen?***

____

____

____

____

____

____

KOHL VERLAG ARBEITSHEFT ETHIK Band 1: Natur, Schöpfung & Weltreligionen – Bestell-Nr. 13 070

4 Schöpfung in Gefahr

Umweltethik – der richtige Umgang mit der Natur

Die Umweltethik oder Naturethik beschäftigt sich mit der Frage, wie sich der Mensch gegenüber der Natur verhalten soll. Eine andere Ethik ist z. B. die Tierethik, die sich mit dem richtigen Verhalten und Handeln Tieren gegenüber befasst. Im Zentrum der Umweltethik steht das Verhältnis von Mensch, Natur und Technik.
Schon seit geraumer Zeit wird deutlich, dass die Ressourcen aus der Natur der stetig wachsenden Weltbevölkerung nicht unbegrenzt zur Verfügung stehen. Zudem hat die zunehmende Nutzung der Technik negative Auswirkungen auf die Umwelt. Die Abgase von Kraftfahrzeugen, die Lärmbelastung der Großstädte und viele andere Beispiele zeigen, dass die Umwelt schwer belastet wird.
Ob Klimawandel, Abholzung der Regenwälder, Luftverschmutzung oder Wasserknappheit – die Folgen unseres Handelns auf dieser Erde sind unübersehbar.
Die Abholzung des Regenwaldes im Amazonasgebiet beeinflusst das Klima in Europa. Der Mensch bebaut immer größere Gebiete und zerstört damit wichtige natürliche Rückzugsmöglichkeiten für die Pflanzen- und Tierwelt. Schätzungen zufolge treiben derzeit 150 Millionen Tonnen Plastikmüll in den Weltmeeren. Die Konsequenzen für das Ökosystem sind verheerend.

Abholzung des Amazonas Regenwaldes

Gerade im Zeitalter der Globalisierung wächst die Erkenntnis, dass die Umweltprobleme nur gemeinsam gelöst werden können. Der richtige Umgang mit der Umwelt wird über das Fortbestehen der Menschheit entscheiden, denn zum Überleben gehören saubere Luft und Wasser ebenso wie die Artenvielfalt von Fauna und Flora.

1. ***Was versteht man unter „Natur“ und welchen Wert hat sie für den Menschen?***
2. ***Welche Konsequenzen ergeben sich daraus für unseren Umgang mit der Natur?***
3. ***Recherchiere, welche Bereichen des Amazonasgebietes von Zerstörung betroffen sind und wie sich dies auf globaler Ebene auswirkt.***
4. ***Erstelle eine Tabelle über die Gründe und Folgen des Raubbaus am tropischen Regenwald.***
5. ***Der indische Politiker und Freiheitskämpfer Mahatma Gandhi (1869-1948) sagte einmal: „Was wir den Wäldern auf der Welt antun, ist nur ein Spiegelbild dessen, was wir uns selbst antun.“ Was meinte er damit? Muss man auch in Deutschland Rücksicht auf den Wald nehmen? Wo liegen die Unterschiede zum tropischen Regenwald?***
6. ***<u>Fallbeispiel</u>: Selina, Felix und Thorsten diskutieren in der Klasse über das Thema `Umweltschutz´ und was der Einzelne tun kann. Selina: „Also ich dusche morgens 15 Minuten.“ Felix: „Was so lange? Ich dusche mich einmal alle drei Wochen. Ich bin nämlich Naturschützer!“ Selina: „Ich bin auch Naturschützer! Ich helfe regelmäßig bei der Aufforstung des Gemeindewaldes!“ Thorsten: „Ihr macht wohl Witze! So rettet ihr die Umwelt nicht!“***
   a) ***Diskutiert Thorstens Äußerung: „So rettet ihr die Umwelt nicht!“ Was könnte er damit gemeint haben?***
   b) ***Ist Selinas Haltung nachvollziehbar? Kann man ein Naturgut durch ein anderes aufwiegen?***
7. ***Fertige eine Liste an, mit den technischen Geräten, die du benutzt. Halte auch die Uhrzeit und Dauer der Benutzung fest.***
8. ***Auf welche Geräte könntest du zugunsten einer Energieeinsparung verzichten?***
9. ***Gestalte eine Mind-Map zum Thema „Eigener Einsatz für eine lebenswerte Umwelt“.***
10. ***Schreibe dazu auf, was jeder Einzelne zum Schutz der Natur tun kann.***

4 Schöpfung in Gefahr

Das Hundertwasser-Haus in Wien

Das Hundertwasser-Haus in Wien zählt zu den architektonischen Highlights in Österreich und zieht Besucher aus der ganzen Welt an. Es stammt von dem Künstler und Architekten Friedensreich Hundertwasser (1928-2000), der es sich zum Ziel setzte, die moderne Lebenswelt in Einklang mit der Natur zu bringen. Das bunte und ungewöhnliche Haus hat in den Gangbereichen unebene Böden und ist überall begrünt. 1985 wurden 250 Bäume und Sträucher gepflanzt – ein echter Naturpark auf den Dächern des Hauses. In dem Haus befinden sich 52 Wohnungen und vier Geschäfte, 16 private und drei gemeinschaftliche Dachterrassen.

Das Hundertwasser-Haus in Wien

Hundertwasser-Haus in Wien – Innenhof

1. ***Informiere dich und recherchiere im Internet über das Hundertwasser-Haus in Wien. Was fasziniert dich an diesem Haus besonders?***
2. ***Vergleiche das dargestellte Haus mit Häusern, die du kennst. Worin bestehen Unterschiede?***
3. ***Ist es deiner Ansicht nach dem Künstler gelungen, Natur und Architektur zu verbinden?***
4. ***Warum ist es wichtig, dass es Künstler und Architekten wie Friedensreich Hundertwasser gibt, die sich mit dem Thema „Natur, Technik und moderne Lebenswelt" beschäftigen?***
5. ***Sollten deiner Meinung nach mehr solche Häuser in Städten gebaut werden?***
6. ***Gibt es auch in deinem Heimatort besondere Sehenswürdigkeiten? Berichte darüber!***
7. ***Stelle die Chancen und Risiken modernen Städtebaus in einer Tabelle dar.***
8. ***Wo würdest du lieber wohnen: in einer Großstadt oder auf dem Land. Begründe deine Ansicht! Erläutere die Vor- und Nachteile des Lebens auf dem Land bzw. in der Stadt.***
9. ***Die bayerische Landeshauptstadt München möchte ihre Wohnqualität im Innenstadtbereich verbessern. Welche Möglichkeiten gibt es? Überlege, durch welche Maßnahmen man die Wohnqualität in Städten verbessern könnte.***

KOHL VERLAG ARBEITSHEFT ETHIK Band 1: Natur, Schöpfung & Weltreligionen – Bestell-Nr. 13 070

Achtung vor der Schöpfung am Beispiel von Vorbildern

Franz von Assisi (1182 – 1226)

Setze in den Text die unten stehenden Lückenwörter ein.

Franz von Assisi gilt als Begründer des Ordens der Franziskaner und Mitbegründer der Klarissinnen. Von der katholischen Kirche wird er als _ _ _ _ _ _ _ _ verehrt. Er wurde als Giovanni Bernardone, als Sohn eines wohlhabenden Kaufmannes und seiner französischen Ehefrau 1182 in der umbrischen Stadt _ _ _ _ _ _ geboren. Als Jüngling hatte er den Rufnamen Francesco. Er bekam eine gute Schulausbildung, lernte Lesen, _ _ _ _ _ _ _ _ _, Rechnen und Latein. Er führte ein fröhliches und sorgloses Leben und wollte _ _ _ _ _ _ werden. Mit 14 Jahren trat er in das Unternehmen seines Vaters als Kaufmann ein.

Franz von Assisi

1202 zog er in einen Krieg gegen die Stadt Perugia. Nach der Schlacht zwischen Assisi und Perugia wurde er über ein Jahr in Perugia festgehalten und litt während seiner Gefangenschaft an einer schweren _ _ _ _ _ _ _ _ _, die ihn zu seiner Bekehrung führte.

1203 wurde er aus der Gefangenschaft befreit, kehrte nach Assisi zurück, unternahm eine Wallfahrt nach Rom und pflegte _ _ _ _ _ _ _ _ _ _ _. Die Begegnung mit einem Leprakranken erschütterte ihn zutiefst. In der Kapelle St. Damian vor den Toren Assisis glaubte er im Gebet die Worte Jesu zu hören: „*Geh' und richte meine Kirche wieder auf, die am einstürzen ist!*" Für die Wiederherstellung der kleinen Kirche St. Damiano verkaufte Franziskus im Jahr 1205 einige _ _ _ _ _ _ _ _ _ _ aus dem Besitz seines Vaters und wurde von diesem zur Rede gestellt. Franziskus entledigte sich der Überlieferung nach als Antwort vor den Augen des _ _ _ _ _ _ _ _ und einer großen Menge Zuschauer aller seiner Kleider und entsagte dem Erbe mit den Worten „*Weder Geld noch Kleider will ich von dir, von jetzt an nenne ich nur noch einen Vater, den im Himmel!*" Er rannte ohne Kleidung aus der Stadt und verabschiedete sich so von Herkunft und Gesellschaft.

Von 1207 bis 1209 führte er ein _ _ _ _ _ _ _ _ _ _ _ _ _ _ _. Er ging um Essen bettelnd von Haus zu Haus und pflegte die Aussätzigen, die außerhalb der Stadtmauern leben mussten. Ausgehend vom Evangelium lehnte er jeden _ _ _ _ _ _, sogar den Kontakt mit Geld ab, ging in einfacher Kutte und nach Möglichkeit barfuß.

Während einer _ _ _ _ _ im Jahr 1208 soll Franziskus eine Stimme vernommen haben, die ihn mit dem Wortlaut des Matthäusevangeliums aufforderte, in die Welt zu gehen, allem Besitz zu entsagen und _ _ _ _ _ zu tun.

Die Berufung zur Armut, zu hilfreicher Tat und Predigt, legte er seiner Regel mit der Gründung des „Ordens der Minderbrüder", 1209/10 zugrunde: Er versammelte _ _ _ _ _ _ _ _ _ _ _ _ um sich, die die ersten Brüder des späteren „Ersten Ordens" der Franziskaner wurden und Franz zu ihrem Oberhaupt wählten.

Zunächst wurde Franziskus für verrückt erklärt, doch faszinierte sein tiefer Ernst, seine glühende Liebe zu Gott und zur _ _ _ _ _ _ _ _ _, seine Zuneigung zu den Menschen immer mehr. Wenn er in die Stadt kam, so wird berichtet, ließen die Leute die Glocken läuten, die Geistlichen freuten sich, die Menschen zogen Franziskus mit _ _ _ _ _ _ _ _ _ _ _ _ _ _ entgegen. Er wurde, wie aus einer anderen Welt kommend, angesehen und verehrt.

Durch Franziskus Predigt und seinen vorbildlichen Wandel entstanden schon zu seinen Lebzeiten zahlreiche _ _ _ _ _ _ _ _ auch jenseits der Alpen; sie erlangten in den wachsenden Städten neben denen der Dominikaner entscheidende Bedeutung für Armenpflege, Seelsorge und Predigt.

KOHL VERLAG ARBEITSHEFT ETHIK Band 1: Natur, Schöpfung & Weltreligionen – Bestell-Nr. 13 070

5 Achtung vor der Schöpfung am Beispiel von Vorbildern

Immer wieder betonen die Zeugnisse Franziskus sanftmütige Demut allen Menschen und auch der armen Kreatur gegenüber – alle waren ihm Schwester und Bruder, auch Sonne, Mond, Wind, Wasser und Erde wie es sein _ _ _ _ _ _ _ _ _ _ _ _ ausdrückt.
Bei weiteren Reisen gelang es ihm zwar 1219, in Ägypten zu predigen, jedoch nicht, den Sultan el Malik el Kamil zu bekehren. Von dort aus zog Franziskus weiter ins Heilige Land, wo er bis 1220 blieb.
Die nächsten Jahre verbrachte er mit der Planung des Ordens der Franziskaner. Eigentlich wollte Franziskus für sich und seine Brüder keine _ _ _ _ _ _ _ _ _ _ _ _, ihm genügte die Botschaft Jesu: *„Willst Du vollkommen sein, so geh hin, verkaufe, was du hast, und gib es den Armen“* (Mt 9, 21). Aber das Leben in der Gemeinschaft brauchte doch eine Ordnung. 1223 bestätigte Papst Honorius III. die endgültigen Regeln des Franziskanerordens. Der von Franziskus gegründete Orden breitete sich in kurzer Zeit in ganz _ _ _ _ _ _ aus.
1222 zog Franziskus sich in die Einsamkeit von Alverna, einem kleinen Kloster, zurück. Die Entbehrungen und die Erschöpfung der letzten Jahre beeinträchtigten zunehmend seine _ _ _ _ _ _ _ _ _ _, schließlich drohte Franziskus zu erblinden. Zur Behandlung kam er nach Siena, doch er lehnte jede weitere medizinische Hilfe ab, diktierte sein Testament und ließ sich unter großem Geleit nach _ _ _ _ _ _ _ _ _ _ _ zurücktragen, wo er auch starb. Franziskus Verehrung breitete sich durch die unmittelbar nach seinem Tod aufgezeichneten Legenden rasch aus. Bis heute pilgern hunderttausende Menschen nach Assisi.

Franz von Assisi mit Tieren (Gemälde)

Berühmt wurde Franz von Assisi für seinen „Sonnengesang“. Darin pries er Gott für die Schöpfung der Erde und des gesamten _ _ _ _ _ _.
Franz von Assisi gehört zu den am besten dokumentierten Persönlichkeiten des Mittelalters. Er hat viele Werke hinterlassen, darunter zahlreiche _ _ _ _ _ _ und Gesänge. Es sind vorwiegend Loblieder wie sein berühmter Sonnengesang und Anbetungstexte. Dabei wurde er, da er in seiner Jugend dem Ritterideal nacheiferte, vom _ _ _ _ _ _ _ _ _ beeinflusst. Seine Texte verfasste er auf altitalienisch oder in Latein. Neben den Lobgesängen und Gebeten sind von ihm auch etliche _ _ _ _ _ _ erhalten.
Schon im Jahr 1228 wurde Franziskus durch Papst Gregor IX. heiliggesprochen. 1939 wurde Franziskus zum Patron _ _ _ _ _ _ _ _ ernannt. 1980 erklärte ihn Papst Johannes Paul II. zum Schutzpatron der Ökologen. Darüber hinaus ist er Patron der Armen, Blinden, Strafgefangenen und _ _ _ _ _ _ _ _ _ _ _ _ _ _ _, der Weber, Kaufleute, der Sozialarbeit, des Umweltschutzes und der Tiere. Auch der im März 2013 gewählte argentinische Papst _ _ _ _ _ _ _ _ _ _ _ _ _ _ wendet sich im Namen und der Lebensweise dem heiligen Franziskus zu. Er nennt sich Papst Franziskus und lebt getreu seinem Vorbild bescheiden und mit wenig Luxus und Geld.

Lückenwörter:

Assisi – Besitz – Bischofs – Blätterwedeln – Briefe – Einsiedlerleben – Europa – Gebete – Gesundheit – Gutes – Heiliger – Italiens – Jorge Bergoglio – Klöster – Kosmos – Krankheit – Leprakranke – Messe – Minnesang – Ordensregeln – Portiuncula – Ritter – Schiffbrüchigen – Schöpfung – Schreiben – Sonnengesang – Tuchballen – zwölf Apostel

KOHL VERLAG
ARBEITSHEFT ETHIK
Band 1: Natur, Schöpfung & Weltreligionen – Bestell-Nr. 13 070

Achtung vor der Schöpfung am Beispiel von Vorbildern

Albert Schweitzer (1875 – 1965)

Setze in den Text die unten stehenden Lückenwörter ein und beantworte die Fragen.

Albert Schweitzer, bekannt als der „Urwalddoktor“, gilt als einer der bedeutendsten Denker des 20. Jahrhunderts. Winston Churchill bezeichnete ihn als „Genie der Menschlichkeit“.

Albert Schweitzer wurde 1875 in dem deutschen Städtchen __ __ __ __ __ __ __ __ __ __ __ im Ober-Elsaß geboren als zweites Kind in einer Pfarrersfamilie geboren. Sein Vater wurde kurz nach der Geburt Alberts nach __ __ __ __ __ __ __ __ __ versetzt.

Im Günsbacher Pfarrhaus erlebte Albert eine glückliche und sorgenfreie Kindheit. Er war bereits als junger Mensch offen für das __ __ __ __ anderer Menschen. Besonders aber fühlte er mit den __ __ __ __ __ __.

Albert Schweitzer

Bereits früh erkannten die Eltern Alberts musikalische Begabung. Mit acht Jahren begann er __ __ __ __ __ zu spielen. Mit neun Jahren konnte er den Organisten in Günsbach vertreten. Die Schule machte ihm keinen sonderlichen Spaß. Er hat es auch nie zum __ __ __ __ __ __ __ __ __ __ __ __ __ gebracht. 1885 wurde er auf das Gymnasium nach Mülhausen geschickt. Dort wohnte er bei seinem Onkel und seiner Tante. Seine Zeugnisse waren eher mittelmäßig. 1893 bestand er die __ __ __ __ __ __ __ __ __ __ __ __.

Von 1893-1898 studierte Albert Schweitzer Theologie und Philosophie an den Universitäten Straßburg, __ __ __ __ __ und Berlin. Daneben beschäftigte er sich mit Musik von Johann Sebastian Bach. Während seines Studiums erhielt er Musikunterricht bei dem berühmten Orgelmeister __ __ __ __ __ __ __ __ __ __ __ __ in Paris. Albert Schweitzer war ein genialer Orgelspieler und ein tiefer Verehrer Johann Sebastian Bachs.

Albert Schweitzer beim Orgelspiel

1898 bestand er das 1. theologische Examen und anschließend die __ __ __ __ __ __ __ __ __ __ __ __ __. 1899 wurde er __ __ __ __ __ an der St. Nicolai Kirche in Straßburg und nach dem 2. Examen in sein Amt eingeführt.

Albert Schweitzer schrieb viele Bücher. Sein bekannter Sammelband hieß „Straßburger Predigten“. 1902 habilitierte er in __ __ __ __ __ __ __ __ __ an der Universität Straßburg, wo er danach als Privatdozent tätig war. Dort verdiente er gut und stand in hohem Ansehen.

Mit 30 Jahren jedoch gab er seinem Leben eine neue Richtung. 1904 las er in den Monatsheften der Pariser __ einen Artikel über Not und Leiden in Afrika. Die Schlafkrankheit, Lepra und die tropische Malaria verringerten ganze Völkerstämme. Es wurden dringend __ __ __ __ __ gesucht. Daraufhin entschloss sich Albert Schweitzer __ __ __ __ __ __ __ zu studieren und als Arzt nach Afrika zu gehen. 1911 bestand er das medizinische Examen. Er spezialisierte sich auf __ __ __ __ __ __ __ __ __ __ __ __ __ __ __ __ __.

1912 heiratete Albert Schweitzer die Lehrerin Helene Bresslau. Sie war die Tochter des Historikers Harry Bresslau. Mit ihr fasste er den Entschluss, sich auf das afrikanische Abenteuer einzulassen. Aus der Ehe ging 1919 eine Tochter __ __ __ __ __ hervor.

Zum Schauplatz ihrer künftigen Tätigkeit wählten sie 1913 die Missionsstation __ __ __ __ __ __ __ __ __ __ in Gabun am Fluss Ogowe, mitten im tropischen Urwald Afrikas.

KOHL VERLAG ARBEITSHEFT ETHIK Band 1: Natur, Schöpfung & Weltreligionen – Bestell-Nr. 13 070

5 Achtung vor der Schöpfung am Beispiel von Vorbildern

In Lambarene baute er aus eigenen Mitteln ein Tropenhospital mit Leprastation. Sein Ziel war, die Not und Krankheiten der dort lebenden Menschen zu lindern. Albert Schweitzer finanzierte das Hospital durch __ __ __ __ __ __ __, sowie durch seine Publikationen, Vorträge und Orgel-konzerte in ganz Europa. In seinem Buch „Zwischen Wasser und Urwald" berichtete Albert Schweitzer über die ersten Jahre im Urwald.

Bei seinen Reisen durch Europa wurde er 1917 infolge des 1. Weltkrieges, von den __ __ __ __ __ __ __ __ __ interniert. Erst 1924 konnte er nach Lambarene zurückkehren.

In Lambarene wirkte er als Arzt bis auf einige Unterbrechungen bis zu seinem Tode. Dort entwickelte er auch seine berühmte __ __ __ __ __ __ __ __   __ __ __ __ __ __. Sie umfasst Pflanzen, Tiere und Menschen. Das Leben als solches war ihm heilig. Er riss kein Blatt vom Baum ab, brach keine Blume und achtete darauf, dass er kein __ __ __ __ __ __ zertrat. Wenn er im Sommer nachts bei der Lampe arbeitete, hielt er lieber das __ __ __ __ __ __ __ geschlossen, atmete dumpfe Luft, als dass er Insekt um Insekt mit versengten Flügeln auf seinen Tisch fallen sah. Ging er nach einem Regen auf die Straße und erblickte einen Regenwurm, der sich verirrt hatte, so beförderte er ihn hinunter ins Gras. Ebenso rettete er Insekten, die in einen __ __ __ __ __ __ gefallen waren, indem er ihnen einen Halm zur Rettung hinhielt.

Albert Schweitzer beim Füttern der Tiere

Albert Schweitzer veröffentlichte zahlreiche Werke zur Theologie, Religionsphilosophie und __ __ __ __ __ __ __ __ __ __ __ __ __ __ __. Sein Wirken geht aber weit darüber hinaus. Albert Schweitzer bezeichnete sich selbst als __ __ __ __ __ __ __ __ __ __ und mischte sich in das politische Geschehen ein. Er wurde zu einer moralischen Instanz, zur Leitfigur im Kampf gegen die atomare Bewaffnung der Völker. Von Lambarene aus, warnte er vor dem Nationalsozialismus und den __ __ __ __ __ __ __ in Europa.

Im Laufe seines Lebens erhielt er zahlreiche Auszeichnungen, Preise und Ehrenpromotionen u. a. 1928 den __ __ __ __ __ __ __ __ __ __ __ der Stadt Frankfurt am Main, 1951 den Friedenspreis des Deutschen Buchhandels und 1952 den Friedensnobelpreis für sein Engagement gegen das atomare Wettrüsten.

Lückenwörter:

Abiturprüfung – Ärzte – Charles Widor – Doktorprüfung – ethische Formel – Fenster – Franzosen – Goethepreis – Günsbach – Insekt – Kaysersberg – Kriegen – Lambarene – Leid – Medizin – Missionsgesellschaft – Musikgeschichte – Musterschüler – Orgel – Paris – Rhena – Spenden – Theologie – Tieren – Tropenkrankheiten – Tümpel – Vikar – Weltbürger

1. ***Weshalb gab Albert Schweitzer seine sichere Stellung als Privatdozent an der Universität Straßburg auf, um als Arzt in Lambarene tätig zu sein?***
2. ***Wie reagierten wohl Albert Schweitzers Eltern und seine Freunde auf seinen Entschluss mit 30 Jahren noch einmal Medizin zu studieren und als Arzt nach Lambarene zu gehen?***
3. ***Findet Erklärungen dafür, dass Albert Schweitzer erst im Alter von 30 Jahren erkannt hat, welchen Weg er in seinem Leben gehen will.***
4. ***Das 1913 von Albert Schweitzer gegründete Hospital existiert weiterhin. Informiere dich z. B. im Internet über die Arbeit im Albert-Schweitzer Hospital in Lambarene.***

KOHL VERLAG ARBEITSHEFT ETHIK Band 1: Natur, Schöpfung & Weltreligionen – Bestell-Nr. 13 070

5 Achtung vor der Schöpfung am Beispiel von Vorbildern

Jugendeindrücke Albert Schweitzers

Jugendeindrücke waren für Albert Schweitzer wichtig und haben sein späteres Leben geprägt. Welche von den folgenden neun sind es? Unterstreiche vier davon.

1. Dem Fleißigen gehört die Welt. / 2. Wissen ist Macht. / 3. Elend wird es immer geben. / 4. Seid dankbar in allen Dingen. / 5. Tiere dürfen nicht getötet werden. / 6. Natur und Leben sind ein Geheimnis. / 7. Musik macht das Leben schöner. / 8. Wir müssen Leid und Not mittragen. / 9. Nur der Begabte kann wirklich helfen.

Beantworte anhand des vorangegangenen Textes die Fragen. Beachte: ß = ss.

Das Albert-Schweitzer-Quiz

1. Wie heißt der Geburtsort Albert Schweitzers? _ _ _ _ _ _ _ _ _ _ _
1

2. Welchen Beruf übte sein Vater aus? _ _ _ _ _ _ _ _ _ _
4

3. Wo lebte Albert Schweitzer in seiner Kindheit? _ _ _ _ _ _ _ _ _ _ _ _
2

4. Welches Instrument spielte er schon mit acht Jahren? _ _ _ _ _
3

5. Wo besuchte er das Gymnasium? _ _ _ _ _ _ _ _ _

6. Welche Fächer studierte er von 1893-1898? _ _ _ _ _ _ _ _ _ _ _
9
_ _ _ _ _ _ _ _ _ _ _ _

7. In welchen drei bekannten Städten studierte er diese Fächer? _ _ _ _ _ _ _ _ _ _ _ _ _ _ _ _ _ _ _
5 6
_ _ _ _ _ _ _ _ _ _ _ _ _ _

8. Wie hieß der Komponist und Musiker, den er besonders verehrte?

_ _
11

9. Bei welchem berühmten Orgelmeister in Paris erhielt er Musikunterricht?

_ _ _ _ _ _ _ _ _ _ _ _ _ _ _ _
7 8

10. Welche Tätigkeit übte er nach seinem bestandenen Examen aus? _ _ _ _ _
10

11. Wie hieß sein berühmter Sammelband?

_ _
12 13

12. Welches Fach studierte er, bevor er sich entschloss als Arzt nach Afrika zu gehen?

_ _ _ _ _ _ _ _
15 14

13. Wie hieß seine Ehefrau? _ _ _ _ _ _ _ _ _ _ _ _ _ _ _ _ _
16 17

14. In welchem Ort gründete Schweitzer 1913 sein Urwaldspital? _ _ _ _ _ _ _ _ _ _
18

15. An welchem Fluss und in welchem Land liegt dieser Ort? _ _ _ _ _ _ _ _ _ _ _
19

16. Wie hieß sein Buch, in dem er über die ersten Jahre im Urwald berichtet?

_ _

17. Welchen Vornamen hatte Albert Schweitzers Tochter? _ _ _ _ _
20

18. Welcher Preis wurde ihm von der Stadt Frankfurt verliehen? _ _ _ _ _ _ _ _ _ _ _ _ _ _ _ _

KOHL VERLAG ARBEITSHEFT ETHIK Band 1: Natur, Schöpfung & Weltreligionen – Bestell-Nr. 13 070

5 Achtung vor der Schöpfung am Beispiel von Vorbildern

19. Wie hieß der Preis, der ihm für sein Engagement gegen das Wettrüsten verliehen wurde?

_ _ _ _ _ _ _ _ _ _ _ _ _ _ _ _ _ _

Stelle die nummerierten Buchstaben in die richtige Reihenfolge. Als Lösung ergibt sich seine berühmte ethische Formel:

1	2	3	4	5	6	7	8	9		10	11	12		13	14	15		16	17	18	19	20

Albert Schweitzer – einer der bedeutendsten Denker des 20. Jahrhunderts

Tätigkeiten Albert Schweizers

Albert-Schweitzer-Briefmarke

Preise, die er verliehen bekam: ________________________________

____

Albert Schweitzers berühmte ethische Formel:

_ _ _ _ _ _ _ _ _   _ _ _   _ _ _   _ _ _ _ _

Was besagt seine ethische Formel?

____

____

____

____

____

Was ist deiner Ansicht nach das Besondere an Albert Schweitzer? – Was können wir von ihm lernen?

____

____

____

____

____

____

____

____

KOHL VERLAG ARBEITSHEFT ETHIK Band 1: Natur, Schöpfung & Weltreligionen – Bestell-Nr. 13 070

Achtung vor der Schöpfung am Beispiel von Vorbildern

Das Dschungelkind

Sabine Kuegler erzählt in ihrem Buch „Das Dschungelkind“ ihre Kindheit in West-Papua. Die 1972 geborene Autorin kam im Alter von fünf Jahren mit ihren beiden Geschwistern aus Deutschland in den Dschungel von West-Papua. Als ihre Eltern, die Missionare und Sprachforscher waren, zu dem Stamm der Fayu kamen, begann für die damals Fünfjährige ein neues Leben. Sie lernte dort die Sitten der Fayu kennen und wuchs auf, fernab jeder Zivilisation. Mit 17 Jahren kam sie auf ein Schweizer Internat, um dort ihren Abschluss zu machen. In Europa schrieb sie ihre Erlebnisse im Dschungel auf.

Das Dschungelkind

„Wenn die Regenzeit wochenlang anhielt, was ebenfalls vorkommen konnte, wurden wir alle etwas mürrisch (…) Eines Morgens rüttelte mich mein Bruder wach und forderte mich auf, schnell ans Fenster zu schauen. Ich sprang aus dem Bett, schaute und sah nichts … außer Wasser. Unsere erste große Überschwemmung! (…) Als ich mich umdrehte, bemerkte ich ein seltsames Wabern. Überall an den Wänden und auf dem Boden krabbelte es, Spinnen, Ameisen, Käfer und jede Art von Insekten, die es auf dieser Erde gibt, liefen emsig durcheinander. Offensichtlich hatten sie vor dem Wasser Zuflucht in unserem Haus gesucht. (…) Ich blieb stehen, wo ich war, rührte mich nicht von der Stelle und rief laut nach meiner Mutter. Sie kam und blieb entsetzt stehen. (…) Stell dir vor, du stehst auf und gehst wie jeden Morgen in die Küche, um dir Kaffee zu kochen oder ins Bad, um zu duschen. Du greifst nach der Kaffeekanne – und du greifst nach Spinnen. Du willst das Wasser aufdrehen – Ameisen erobern deinen Arm. Du schaust dich um, und all deine Möbel, dein vor kurzem gesäuberter Fußboden, deine Dusche, deine Kaffeemaschine, Töpfe, Pfannen, alles ist schwarz von Getier. Dann kannst du dir vorstellen, was in uns an diesem Morgen vorging. Mama war am Ende und schrie nach Papa, er solle sofort aufstehen. Christian und ich dagegen hatten uns schon wieder erholt und waren begeistert von der Vielfalt der Tiere. (…) Inzwischen hatten sich Mama und Papa mit Insektenspray bewaffnet und machten sich an die Arbeit, das Innere des Hauses so gut wie möglich von Ungeziefer zu befreien. Ich wollte natürlich helfen, nach einiger Zeit jedoch warf mich meine Mutter hinaus mit der Bemerkung: „Du bist kontraproduktiv.“ Ich hatte keine Ahnung, was sie damit meinte, ich wollte nur die armen Tiere retten. Während Mama und Papa mordend ihre Kreise zogen, sammelte ich alles, was da kroch und krabbelte in Gläser und warf sie nach draußen. Natürlich krabbelten die Tiere in kürzester Zeit wieder ins Haus und meine Mutter schickte mich mit Christian, meinem treuesten Anhänger dorthin, wo der Pfeffer wächst.“

1. ***Beschreibe die Familienmitglieder anhand des Textauszuges. Was erfährt man über sie und ihr Verhalten?***
2. ***Versetze dich in die Lage der dargestellten Personen. Was fühlst du? Empfindest du die dargestellte Situation als eklig oder unangenehm? Wäre dies anders, wenn es sich um andere Tiere handeln würde?***
3. ***Sabine und ihr Bruder Christian wollen die Tiere retten. Was unternehmen sie? Überlegt euch, warum sie gerade diese Tiere retten wollen? Wie hättet ihr euch in dieser Situation verhalten?***
4. ***Sabine schildert in ihrem Buch viele spannende Abenteuer. Es ist für sie die aufregendste und schönste Zeit ihres Lebens. Beschreibt an Beispielen, was man alles im Dschungel erleben kann, stellt aber auch die negativen Seiten des Dschungellebens dar.***
5. ***Als Sabine 12 Jahre alt war, kehrte die Familie nach Deutschland zurück, wo Sabine eine aufregende Zeit erlebte, aber auch großes Heimweh nach dem Dschungel hatte. Doch auch als die Familie in den Urwald zurückkehrte, war Sabine nicht glücklich und fühlte sich hin- und hergerissen zwischen zwei Welten. Kannst du dir denken warum?***
6. ***Sabine erlebt im Dschungel viele spannende Abenteuer, bei denen man eine Menge über den Dschungel und seine Bewohner erfährt. Vielleicht habt ihr Lust, das Buch zu lesen und in Form eines Referates darüber zu berichten.***

6 Die Weltreligionen

Als Weltreligionen bezeichnet man die fünf weltweit größten Glaubensrichtungen: das Judentum, das Christentum, den Islam, den Hinduismus und den Buddhismus. Lies die kurzen Texte und notiere die passenden Begriffe in die Zeilen.

Das Judentum

Das Judentum ist die älteste monotheistische Weltreligion. Sie entstand vor über 3000 Jahren. Im Laufe der Geschichte wurden die Juden immer wieder verfolgt. Daher verließen sie ihre Heimat und sind überall auf der ganzen Welt verteilt. Heutzutage leben weltweit ca. 15 Millionen Juden. Das Symbol des Judentums ist der Davidstern. Er besteht aus zwei Dreiecken, die miteinander verbunden sind. Ein wichtiges Fest im Judentum ist das Pessach-Fest. Es wird gefeiert zum Gedenken des Auszugs des Volkes Israel aus Ägypten. Jede Woche feiern jüdische Familien den Sabbat, den Ruhetag. An diesem Tag sollen die Juden nicht arbeiten, den Gottesdienst besuchen und die Thora lesen. Die Synagoge dürfen fromme Juden nur mit der Kippa, einer kleinen Kappe betreten. Sie gilt als Zeichen für die Ehrfurcht vor Gott. Orthodoxe Juden haben beim Morgengebet auch die Tefillin am Kopf und am linken Arm angelegt, das sind Bänder aus Leder. Daneben tragen sie Gebetsmäntel und haben eine kleine rechteckige Kapsel auf dem Kopf, in dem sich das Glaubensbekenntnis befindet. Weitere wichtige religiöse Gegenstände sind die die Thorarolle, die aus großen Pergamentbögen besteht und aus der im Gottesdienst vorgelesen wird, die Menora, der siebenarmige Leuchter und der Chanukkaleuchter, der neunarmige Leuchter, der am Lichterfest verwendet wird. Jüdische Kinder werden mit 13 Jahren religiös mündig und feiern Bar Mizwa oder Bat Mizwa. An diesem Tag dürfen sie zum ersten Mal in der Synagoge aus der Thora vorlesen. Bei den Juden gibt es bestimmte Speisevorschriften. So dürfen sie nur koschere Speisen essen. Schweine gelten als unrein und dürfen nicht verzehrt werden. Auch dürfen Fleisch- und Milchspeisen nicht zusammen zubereitet und gegessen werden. Jeder jüdische Haushalt hat für Milch- und Fleischspeisen sogar eigene Töpfe und Bestecke.

Eine jüdische Familie beim Sabbat

KOHL VERLAG ARBEITSHEFT ETHIK Band 1: Natur, Schöpfung & Weltreligionen – Bestell-Nr. 13 070

6 Die Weltreligionen

Das Judentum

Symbol: ______________________________

Entstehung: ______________________________

Anzahl der Anhänger: ______________________________

Länder: ______________________________

Gebetshaus: ______________________________

religiöse Gegenstände: ______________________________

Rituale: ______________________________

____

Heilige Buch: ______________________________

wichtige Feste: ______________________________

____

____

bedeutende Orte: ______________________________

____

heilige Vertreter: ______________________________

____

Kleidung: ______________________________

Speisevorschriften: ______________________________

Fasten: ______________________________

Lebensformen: ______________________________

____

Eine jüdische Synagoge

Die Weltreligionen

Das Christentum

Jesus mit seinen Jüngern

Das Christentum ist mit 2,3 Milliarden Menschen weltweit die größte Weltreligion. Es geht zurück auf Jesus Christus, der vor mehr als 2000 Jahren gelebt hat. Jesus war Jude und wurde vermutlich vor unserer Zeitrechnung in Bethlehem geboren. Aufgewachsen ist er in Nazareth. Seine Mutter war Maria, die mit Josef, einem Zimmermann, verlobt war. Jesus wurde von Johannes dem Täufer im Jordan getauft. Mit ca. 30 Jahren begann sein öffentliches Wirken. Er zog als Wanderprediger durch das Land und erzählte den Menschen von Gott. Ein Kreis von 12 Jüngern begleitete ihn. Auf seinen Wanderungen vollbrachte er viele Wunder. Im Mittelpunkt seiner Lehre stand die Ankündigung des Gottesreiches und die Aufforderung zur Nächstenliebe ohne Einschränkungen. Bei seinen vielen Krankenheilungen verletzte er das jüdische Sabbatgebot. Für die Pharisäer stellte er eine Gefahr für die Rechtgläubigkeit dar, da er die Einzelvorschriften des jüdischen Gesetzes durch sein allgemeines Liebesgebot ersetzte. Die Römer verurteilten ihn zum Tod am Kreuz. Am dritten Tag nach seiner Kreuzigung stand er vom Tode auf. Die Auferstehung Jesu ist das zentrale Ereignis, von dem die Geschichte des Christentums ihren Ausgang nahm. Nach seiner Auferstehung fuhr er zu seinem Vater im Himmel auf. Seine Jünger verbreiteten seine Lehre weiter. Der Apostel Paulus brachte die Lehre von Jesus und den Glauben an den einen Gott bis in alle Winkel der Erde. Viele von den Jüngern Jesu wurden verfolgt und starben den Märtyrertod. Die Berichte vom Leben und Wirken Jesu stehen in der Bibel im Neuen Testament. Die vier Evangelisten haben sie gesammelt und aufgeschrieben.

Die Evangelisten schrieben das Leben Jesu auf.

380 n. Chr. wurde das Christentum im Römischen Reich zur Staatsreligion erklärt.
Heutzutage gibt es im Christentum verschiedene Kirchen, die römisch-katholische Kirche, die evangelisch-lutherische, die orthodoxe und die anglikanische Kirche. Das Oberhaupt der römisch-katholischen Kirche ist der Papst in Rom. Für die evangelische Kirche ist die Stadt Wittenberg wichtig. Dort veröffentlichte Martin Luther 1517 an der Schlosskirche die 95 Thesen. Mit seinen Thesen wollte er die katholische Kirche erneuern, was zur Gründung der evangelisch-lutherischen Kirche führte. Es gibt sowohl in der katholischen, als auch in der evangelischen Kirche verschiedene Ordensgemeinschaften und Klöster, die nach den Regeln Ehelosigkeit, Besitzlosigkeit und Gehorsam leben.

Der Petersdom in Rom

Die Weltreligionen

Das Christentum

Symbol: ______________________________

Entstehung: ______________________________

Anzahl der Anhänger: ______________________________

Länder: ______________________________

Gebetshaus: ______________________________

religiöse Gegenstände: ______________________________

Rituale: ______________________________

____

Heilige Buch: ______________________________

wichtige Feste: ______________________________

____

____

bedeutende Orte: ______________________________

____

heilige Vertreter: ______________________________

____

Kleidung: ______________________________

Speisevorschriften: ______________________________

Fasten: ______________________________

Lebensformen: ______________________________

____

Der Tempel von Jerusalem zur Zeit Jesu

KOHL VERLAG ARBEITSHEFT ETHIK Band 1: Natur, Schöpfung & Weltreligionen – Bestell-Nr. 13 070

Die Weltreligionen

Der Islam

Muslime auf dem Weg in die Moschee zum Gebet

Der Islam ist die jüngste und die zweitgrößte Weltreligion. Er hat weltweit 1,6 Milliarden Anhänger und wurde vom Propheten Mohammed gegründet. Mohammed wurde 570 n. Chr. in Mekka geboren. Von Mohammed wissen wir, dass er früh verwaiste, in ärmlichen Verhältnissen aufwuchs und als junger Mann in einer Handelsfirma arbeitete. Dort heiratete er seine Arbeitgeberin Chadidscha, eine fünfzehn Jahre ältere Witwe. Der Überlieferung zufolge besuchte der Engel Gabriel Mohammed im Jahr 610 n. Chr. während eines Aufenthalts in einer Berggrotte, um ihn zum Propheten zu berufen und ihm die erste Offenbarung des Korans zu überbringen. Der Koran ist in 114 Kapiteln, Suren aufgeteilt. Sie berichten von Allah und geben den Muslimen Regeln für ihr Leben. Wichtiger Bestandteil des Glaubens der Muslime bilden die fünf Säulen des Islam: das Glaubensbekenntnis zu Allah, das fünfmalig tägliche Gebet, die Pflichtabgabe, das Fasten im Monat Ramadan und die Pilgerfahrt nach Mekka. Jeder gläubige Muslim soll fünfmal am Tag beten. Die Zeiten hierfür sind genau festgelegt. Zum Gebet verwendet man einen Gebetsteppich. Die Muslime beten in Richtung Mekka, da dort die Kaaba steht, ein großer schwarzer Würfel, das wichtigste Heiligtum des Islam. Vor jedem Gebet sollen sich die Muslime waschen. Der Koran sagt, dass die Wohlhabenden von ihrem Besitz etwas an die Armen abgeben sollen. Daraus hat sich die Pflichtabgabe entwickelt. Im Fastenmonat Ramadan fasten alle Gläubigen. Von Sonnenaufgang bis zum Sonnenuntergang dürfen sie nichts essen oder trinken. Ausgenommen vom Fasten sind alte und kranke Menschen, Kinder und Schwangere. Einmal im Leben soll jeder Muslim nach Mekka pilgern, wo sich die Kaaba befindet. Diese soll er siebenmal im Uhrzeigersinn umrunden. Am Ende des Ramadans feiern die Muslime das Bayram- oder Zuckerfest. Freunde und Verwandte besuchen sich gegenseitig. Die türkischen Frauen bakken Gebäck und decken den Tisch reichhaltig. Kinder, Arme und Kranke erhalten Süßigkeiten und Geschenke. Ein weiteres wichtiges Fest ist das Opferfest zum Gedenken an Abraham und seinen Sohn Ismael. Das Gotteshaus der Muslime ist die Moschee. Beim Besuch der Moschee müssen sich die Muslime die Schuhe ausziehen. Die Frauen müssen sich ihren Kopf bedecken. In jeder Moschee ist auch eine Waschgelegenheit zur Reinigung vor dem Gebet zu finden. Oft steht dazu im Hof ein Brunnen. Frauen und Männer beten getrennt voneinander. Der Imam macht die Gebetsübungen vor. Der Muezzin ruft in muslimischen Ländern fünfmal am Tag vom Turm der Moschee die Gläubigen zum Gebet.

Die Kaaba – das Heiligtum des Islam

6 Die Weltreligionen

Der Islam

Symbol: ______________________________

Entstehung: ______________________________

Anzahl der Anhänger: ______________________________

Länder: ______________________________

Gebetshaus: ______________________________

religiöses Heiligtum: ______________________________

Rituale: ______________________________

____

Heilige Buch: ______________________________

wichtige Feste: ______________________________

____

____

bedeutende Orte: ______________________________

____

heilige Vertreter: ______________________________

____

Kleidung: ______________________________

Speisevorschriften: ______________________________

Fasten: ______________________________

Lebensformen: ______________________________

____

Die Sultan-Ahmed-Moschee in Istanbul

6 Die Weltreligionen

Der Hinduismus

Ganesha – Gott der Weisheit und der Künste

Der Hinduismus ist die älteste der fünf Weltreligionen. Er entstand im 18. Jahrhundert v. Chr. und hat weltweit ca. 940 Millionen Anhänger. Die Hindus kennen Millionen von Göttern, verehren aber nur einige von ihnen. Die bekanntesten sind Brahma, Shiva und Ganesha. Ganesha hat einen Elefantenkopf, liebt Süßigkeiten, ist der Inbegriff des Wissbegierigen und gilt als Gott der Schüler und Studenten. Das Symbol des Hinduismus ist das OME Zeichen. Es symbolisiert das göttliche Prinzip und soll helfen eine Verbindung zu den Göttern herzustellen. Im Hinduismus gibt es sehr viele Tempel, die alle einem Gott oder einer Göttin geweiht sind. Die Hindus besuchen sie, um zu beten und um der Gottheit Geschenke zu bringen. Ein wichtiges Buch im Hinduismus sind die Veden. Sie sind die ältesten Schriften im Hinduismus und zwischen 1500 und 500 v. Chr. verfasst worden. Es handelt sich hierbei um eine Sammlung von Liedern, Gedichten und Geschichten. Im Leben der Hindus spielen Feste und Feiern eine große Rolle. Sie bestimmen den Rhythmus des Jahres und werden den Gottheiten geweiht. Beim Holi-Fest, auch Frühlingsfest genannt, bewerfen sich die Menschen auf der Straße mit buntem Farbpulver. Mit den Farben zeigen sie ihre Freude über den Beginn des Frühlings. Das Divali-Fest ist das Neujahrsfest. Man gedenkt hierbei der Göttin des Glücks und des Wohlstands. In der Neumondnacht leuchten Tausende von Öllampen und die Häuser werden mit Lichtern geschmückt. An den Flüssen setzen sie Lichter auf kleine Flöße und Holzstämme. Die Hindus schenken sich an diesem Tag Süßigkeiten und wünschen sich gegenseitig Glück. Ein wesentlicher Bestandteil des Hinduismus ist der Glaube an die Wiedergeburt. Eine wichtige Funktion kommt hierbei dem Karma zu. Je nachdem, ob ein Mensch gutes oder negatives Karma in seinem Leben erworben hat, kommt er im nächsten Leben in einer höheren Kaste zur Welt. Da nach dem Hinduismus auch die Wiedergeburt als Tier besteht, ernähren sich fast alle Hindus vegetarisch. Kühe gelten im Hinduismus als heilig und dürfen nicht getötet werden. Ziel des Hinduismus ist es, dem Kreislauf von Tod und Wiedergeburt zu entkommen und ins Nirwana zu gelangen, das Einswerden mit dem Brahman, das Ewige und Absolute zu erreichen. Einer der bekanntesten Hindus war Mahatma Gandhi. Er wurde durch seinen friedlichen Widerstand bekannt, mit dem er sich für die Unabhängigkeit Indiens einsetzte.

Divali – das hinduistische Lichterfest

KOHL VERLAG ARBEITSHEFT ETHIK Band 1: Natur, Schöpfung & Weltreligionen – Bestell-Nr. 13 070

6 **Die Weltreligionen**

Der Hinduismus

Symbol: ______________________________

Entstehung: ______________________________

Anzahl der Anhänger: ______________________________

Länder: ______________________________

religiöses Heiligtum: ______________________________

Rituale: ______________________________

____

Heilige Buch: ______________________________

wichtige Feste: ______________________________

____

____

bedeutende Orte: ______________________________

____

heilige Vertreter: ______________________________

Kleidung: ______________________________

____

Speisevorschriften: ______________________________

____

Fasten: ______________________________

Lebensformen: ______________________________

____

Ein hinduistischer Tempel

6 Die Weltreligionen

Der Buddhismus

Siddhartha Guatama – der spätere Buddha

Der Buddhismus entstand im 6. Jahrhundert v. Chr. und hat weltweit 460 Millionen Anhänger. Gründer des Buddhismus war Siddhartha Gautama. Er wurde etwa um 560 v. Chr. in Nordindien geboren und entstammte einem Adelsgeschlecht. Mit 29 Jahren verließ er die Palastanlage seiner Familie und begegnete zum ersten Mal einem Greis, einem Schwerkranken und einem Toten. Er kam zu der Erkenntnis, dass Alter, Krankheit und Tod unausweichlich mit dem menschlichen Leben verbunden sind und beschloss die Grundlage für dauerhaftes Glück zu suchen. Nach sechs Jahren vergeblicher Suche setzte er sich unter einem Feigenbaum und versprach, nicht wieder aufzustehen, bevor er dieses Ziel erreicht hatte. In einem Zustand tiefer Meditation wurde er erleuchtet, ein vollkommen Erwachter. Von nun an lehrte er 45 Jahre, gründete einen Mönchsorden und hatte viele Anhänger. Der Buddhismus kennt keinen Schöpfergott, auf dessen Kraft man bei der Lösung von Problemen bauen kann. Er fordert Verantwortung für das eigene Leben zu übernehmen und sich geistig weiter zu entwickeln. Das Symbol des Buddhismus ist das Rad der Lehre. Es soll zeigen, dass das Leben keinen Anfang und kein Ende hat. Buddhisten glauben an den ewigen Kreislauf aus Tod und Wiedergeburt. Das Rad der Lehre hat acht Speichen, die den achtfachen Pfad symbolisieren. Wer ihm folgt, kann das Leid in seinem Leben beenden. Der Pali-Kanon enthält die wichtigsten Schriften des Buddhismus. Er besteht zum einen aus Lebensregen von buddhistischen Mönchen und Nonnen und zum anderen enthält er Geschichten über Siddhartha Gautama, dem Gründer des Buddhismus und späteren Buddha. Das wichtigste Fest der Buddhisten ist das Wesak-Fest. An diesem Tag wird die Buddha-Statue mit Blumen geschmückt, Räucherstäbchen werden angezündet und Vögel werden vor dem Tempel freigelassen als Symbol für Freiheit, die alle Menschen erreichen sollen. Yan Dan ist das Neujahrsfest in China. Es ist das größte Fest des ganzen Jahres. Die Menschen schmücken ihre Häuser und Geschäfte. Am Abend zuvor gibt es ein großes Feuerwerk. In den Städten finden Opernaufführungen und traditionelle Löwen- und Drachentänze statt. Für die Buddhisten spielt der Dalai Lama eine zentrale Rolle. Sie glauben, dass er erleuchtet ist und immer wiedergeboren wird, um den Menschen zu helfen. Der Dalai-Lama reist um die Welt und hält Vorträge über die Inhalte der buddhistischen Lehre. Er setzt sich für Frieden und Gerechtigkeit in aller Welt ein.

Chunjie – das Neujahrsfest in China

KOHL VERLAG ARBEITSHEFT ETHIK Band 1: Natur, Schöpfung & Weltreligionen – Bestell-Nr. 13 070

6 Die Weltreligionen

Der Buddhismus

Symbol: ____________________

Entstehung: ____________________

Anzahl der Anhänger: ____________________

Länder: ____________________

Gebetshaus: ____________________

religiöses Heiligtum: ____________________

Rituale: ____________________

____

Heilige Buch: ____________________

wichtige Feste: ____________________

____

____

bedeutende Orte: ____________________

____

heilige Vertreter: ____________________

Kleidung: ____________________

____

Speisevorschriften: ____________________

____

Fasten: ____________________

Lebensformen: ____________________

Mönche bei einer Meditation im Tempel

KOHL VERLAG
ARBEITSHEFT ETHIK
Band 1: Natur, Schöpfung & Weltreligionen – Bestell-Nr. 13 070

6 Die Weltreligionen

Quiz über die Weltreligionen

1. älteste monotheistische Weltreligion _ _(4) _ _ _ _ _ _
2. heilige Schrift der Juden _ _ _ _ _
3. Fest, das die Juden einmal in der Woche feiern _ _(3) _(5) _ _ _ _
4. Gotteshaus der Juden _ _ _ _ _ _ _ _(6)
5. anzahlmäßig größte Weltreligion _ _ _ _ _ _ _ _(7) _ _ _
6. Gründer dieser Religion _ _ _(8) _ _   _ _ _ _ _ _ _ _
7. Art seines Todes _ _ _ _ _ _ _ _ _ _(1)
8. bedeutender Apostel _ _ _ _(2) _ _
9. Personen, die das Leben Jesu aufschrieben _ _ _ _ _(9) _ _ _ _ _ _ _
10. Oberhaupt der römisch-katholischen Kirche _ _ _ _ _
11. Gründer der evangelischen Kirche _(11) _ _ _ _ _   _ _ _ _ _ _
12. heiliges Buch der Christen _ _ _ _(10) _
13. Gründer des Islam _ _ _ _ _ _ _(12) _
14. Erzengel, der ihn zum Propheten berief _ _ _ _ _(13) _ _
15. Anzahl der täglichen Gebete im Islam _ _ _ _
16. wichtiger Bestand des Glaubens der Muslime _ _ _   _ _ _ _   _(15) _ _ _ _ _
17. Fastenmonat im Islam _ _ _ _ _ _ _(14)
18. heiliges Buch des Islam _ _ _ _(18) _
19. wichtiges Fest, an dem die Kinder Geschenke bekommen _ _ _ _ _ _ _ _ _ _
20. Gotteshaus der Muslime _ _ _ _(16) _ _ _
21. elefantenköpfiger Gott im Hinduismus _ _ _ _ _ _(17) _
22. Frühlingsfest im Hinduismus _ _ _ _ - _(19) _ _ _
23. Gebetshaus der Hindus _ _ _ _ _ _
24. Bestandteil des Glaubens der Hindus _ _ _ _ _ _ _ _ _ _ _ _(20)
25. bedeutender Vertreter im Hinduismus _ _ _ _ _ _ _   _ _ _(22) _ _ _
26. Gründer des Buddhismus _ _ _ _ _ _ _ _ _ _   _ _ _ _ _ _ _
27. wichtigstes Fest im Buddhismus _ _(21) _ _ _ - _ _ _ _

Stelle die nummerierten Buchstaben in die richtige Reihenfolge. Als Lösung ergibt sich ein anderes Wort für Weltreligionen:

1	2	3	4	5	6	7	8	9	10	11	12	13	14	15	16	17	18	19	20	21	22

KOHL VERLAG ARBEITSHEFT ETHIK Band 1: Natur, Schöpfung & Weltreligionen – Bestell-Nr. 13 070

6 Die Weltreligionen

Die fünf Weltreligionen im Vergleich

Ordne die Begriffe den fünf Weltreligionen zu und schreibe sie in die unten stehende Tabelle.

kein Gott	Tempel Pagode	Millionen Götter	Mohammed	Bibel
Kirche	Veden	kein Gründer	Gott	Tempel Mandira
Thora	Jesus Christus	Jahwe	Moschee	Synagoge
Pali-Kanon	Allah	Buddha	Koran	kein Gründer

	Judentum	**Christentum**	**Islam**	**Buddhismus**	**Hinduismus**
Gründer					
Heiliges Buch					
Gottheit					
Gottes-haus					

ARBEITSHEFT ETHIK
Band 1: Natur, Schöpfung & Weltreligionen – Bestell-Nr. 13 070

7 Lösungen

1. Naturwissenschaft und Glaube

S. 4: Die Entstehung der Erde nach der Auffassung des Alten Testaments

1. Tag: Licht – Nacht, 2. Tag: Himmel als Gewölbe und das Wasser, 3. Tag: Festland und Pflanzenwelt, Gras – Kraut – Bäume – Früchte, 4. Tag: Zeit und die Himmelskörper (Sonne, Mond, Sterne), 5. Tag: Vögel und Fische, 6. Tag: Landtiere und Menschen, 7. Tag: Ruhetag, Sonntag

S. 6: Buchstabenrätsel: Der Baum der Erkenntnis

					N	A	C	H	T	V	L	K				
				T	A	G	U	A	E	E	J	I	M	F		
	O	M	E	N	S	C	H	E	N	R	N	G	E	E	T	
G	E	R	K	E	N	N	T	N	I	S	R	A	E	D	P	E
E	V	I	E	H	E	M	U	K	D	U	M	R	R	E	A	U
H	E	N	G	I	H	O	N	N	E	C	I	T	T	N	R	P
I	F	L	A	M	M	E	N	S	C	H	W	E	R	T	A	H
L	S	E	L	M	N	M	I	T	R	U	Y	N	A	A	D	R
F	E	R	D	E	E	E	G	E	E	N	U	A	N	N	I	A
I	W	N	M	L	B	U	S	R	Ü	G	O	L	D	G	E	T
N	P	I	C	H	O	N	E	N	T	I	G	R	I	S	S	L
W	A	L	F	I	S	C	H	E	A	R	I	P	P	E	K	K
W	A	S	S	E	R	F	R	Ü	C	H	T	E	N	K	T	S
	S	C	H	L	A	N	G	E	D	G	P	T	W	U	R	
						A	E	F	T	P						
						C	W	I	I	F						
						H	Ö	N	E	L						
						K	L	S	R	A						
						O	B	T	E	N						
						M	E	E	L	Z						
						M	A	R	I	E						
						E	D	N	C	N						
						N	A	I	H	V						
						M	M	S	T	Ö						
						L	L	F	A	K						
	F	E	I	G	E	N	B	L	Ä	T	T	E	R	T	Q	
	H	I	M	M	E	L	V	V	Ö	G	E	L	E	V	A	

S. 7: Verantwortung für die Schöpfung

1. <u>Eigenschaften eines guten Herrschers</u>:

   - Gerechtigkeit, - Engagement, - Milde, - Ehrlichkeit, - Selbstsicherheit, - Kreativität, - starker Charakter, - Liebe zu den Mitmenschen, - Führungskompetenz, - Kommunikationsfähigkeit, - Empathie, - Unterstützung des Volkes, - Sicherung des Landes, - Zukunftsorientiertheit etc.

   <u>Beispiele für gute Herrscher</u>:

   - Karl der Große half das Christentum zu verbreiten, - Kaiser Friedrich II. war neben seiner Rolle als Staatsoberhaupt auch Wissenschaftler und Schriftsteller und förderte die Künste etc.

2. Verantwortung in Bezug auf die Schöpfung bedeutet die Verpflichtung verantwortlich mit der Schöpfung umzugehen und sie zu erhalten, auch im Hinblick auf die künftigen Generationen.

3. <u>Verantwortung gegenüber der Erde</u> bedeutet die Erde zu kultivieren und sie zu einem für alle Menschen bewohnbaren Lebensraum zu machen.
   <u>Verantwortung gegenüber den Mitgeschöpfen</u> bedeutet die Mitgeschöpfe zu schützen, Tiere artgerecht zu halten.
   <u>Verantwortung gegenüber der Natur</u> bedeutet sich so zu verhalten, dass der Mensch selbst und auch zukünftige Generationen von der Natur leben können.

4. Gott hat uns die Schöpfung geschenkt. Unsere Aufgabe ist es, uns als Teil der Schöpfung zu sehen und sie nicht als unser Eigentum zu missbrauchen. Es geht um einen respektvollen Umgang mit der Schöpfung.

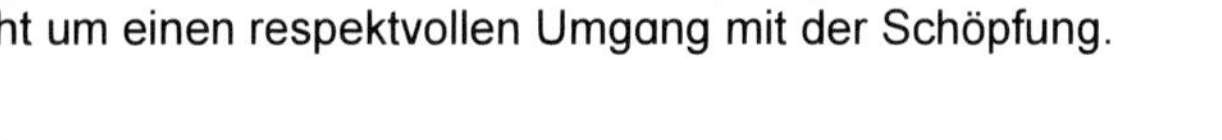

Lösungen

2. Weltbilder im Wandel

S. 8/9: (1) Weltbild des Altertums: Die Erde ist eine Scheibe und schwimmt auf dem Meer. Über der Scheibe befindet sich eine Glocke, in der Himmel, Sterne, Mond, Sonne, Menschen, Tiere und Pflanzen sind.

(2) geozentrisches/ptolemäische Weltbild: Die Erde und damit unmittelbar auch der Mensch steht im Zentrum des Universums und wird von Mond, Sonne, Planeten und Sternen umkreist.

(3) heliozentrisches/kopernikanische Weltbild: Die Sonne steht im Zentrum des Universums und die anderen Planeten einschließlich der Erde bewegen sich um die Sonne.

(4) heutiges Weltbild: Das Universum umfasst Milliarden von Galaxien. Die Erde ist eine von mehreren Planeten, die sich in elliptischen Bahnen um die Sonne bewegen.

3. Bedeutende Astronomen, Gelehrte und Forscher

S. 10: **Lückentext: Galileo Galilei**
Florenz, Mönchen, Archimedes, Mathematik, Pendelgesetze, Proportionszirkel, Analysen, Fernrohrs, Himmelskörper, Medici, Verurteilung, Dialogo, Abschwörung, Ketzerei

S. 11: **Lückentext: Johannes Kepler**
Kaufmann, Mondfinsternis, Mathematik, Lateinschule, Astronomie, Magisterwürde, Theorie, Kalender, Türkeneinfall, Kartograph, Pfarrer, Kommunion, Wallenstein, Horoskope, Ellipse, Sonne, Weltharmonik, Weltbild, Physik

S. 12: **Lückentext: Isaac Newton**
Schafzüchters, Dorfschule, Konstruktion, Gutshof, Cambridge, Naturwissenschaften, Professor, Lichts, Optik, Spiegelteleskop, Linsen, Mitglied, Planeten, Werke, Gravitationsgesetz, Astronomie, Ritter

4. Schöpfung in Gefahr

S. 13:
1. individuelle Schülerantworten

2. Beispiele zur Bewahrung der Schöpfung z. B.: - bewusst leben und genießen, - das Schöne an der Natur erkennen wie z. B. eine Wiese mit Blumen, einen Regenbogen mit seinen verschiedenen Farben etc., - Klimafreundlich verreisen, - Fahrgemeinschaften bilden, - Obst und Gemüse aus der Region kaufen, - Produkte aus ökologischem Anbau und fairem Handel kaufen, - artgerechte Tierhaltung, - Kleidung aus biologisch angebauter Baumwolle tragen etc.

3. Umweltschutz im Alltag z. B.: - Vermeiden von Plastik, - Sparen von Strom und Energie, - bewusst einkaufen, - sich vegetarisch oder vegan ernähren, - keine Lebensmittel wegwerfen, - umweltschonend reisen, - regionale Küche bevorzugen, - Recyclingpapier verwenden etc.

S. 14: **Die letzten Tage der Schöpfung**

1. Wohin das führen kann, wenn der Mensch in die göttliche Weltordnung eingreift, zeigte Jörg Zink bereits 1970 in seinem Bericht: „Die letzten Tage der Schöpfung". Menschen, Tiere und Pflanzen sterben. Wenn wir nicht konsequent handeln und das Leben und Wirtschaften auf unserem Planeten nicht ändern, gehen wir einer Katastrophe entgegen, die zur Vernichtung des Planeten führt.

2. Gefahren und Folgen für die Schöpfung

1.Tag: Der Mensch ist nicht mehr Ebenbild Gottes: er glaubt an die Freiheit und das Glück, die Börse und den Fortschritt. Folge: der Glaube an Gott spielt für den Menschen keine Rolle mehr.

2. Tag: Die Tiere sterben: die Fische in den Industriegewässern, Feldhasen in den Bleiwolken, Heringe am Öl im Meer etc. Folge: Das Sterben von Tierarten beeinflusst auch das Ökosystem und damit auch den Fortbestand der Menschheit.

3. Tag: Die Pflanzen sterben: das Gras, Laub, Moos und Blumen verdorren. Folge: Die Biodiversität oder biologische Vielfalt in allen seinen Formen geht verloren.

4. Tag: Die Menschen sterben an Krankheiten, die sie selbst verursacht haben. Folge: Die Bevölkerungszahl reduziert sich drastisch. Es werden keine Kinder mehr geboren, die Menschheit stirbt aus.

5. Tag: Atomkatastrophe: die Menschen drücken den roten Knopf: Berge brennen, Meere verdampfen, der blaue Planet wird aschgrau. Folge: Gebiete werden radioaktiv verseucht, Zunahme an Krebserkrankungen.

6. Tag: Ende des Lichts: Staub und Asche verhüllen die Sonne, den Mond und die Sterne.

7. Tag: Die Erde ist wüst und leer. Folge: Es existiert kein Leben mehr auf der Erde.

3. Der Herrschaftsauftrag in Genesis 1,28 bedeutet: Gott hat den Menschen den Auftrag gegeben verantwortlich mit der Schöpfung umzugehen.

4. Schöpfung in Gefahr

S. 16: **Brief einer Pflanze an einen lieblosen Menschen**

In seinem Brief wirft der Chili-Strauch Bastian vor, dass er lieblos mit ihm umgegangen ist. Er hat ihn absichtlich vergessen und hat in ins sonnenlose hinterste Regal gerückt zwischen seinen Tennis-Trophäen. Sein Vater hat ihn dort herausgeholt und ihn geschnitten, gegossen, gedüngt und ans Küchenfenster gestellt. Jetzt steht er kahl und fast verdorrt zwischen Schnittlauch und Petersilie in der Küche seiner Mutter.

Richtiger Umgang mit einem Chili-Strauch: Chili-Pflanzen sind sehr kälteempfindlich. Sie stammen aus Mittel- und Südamerika und vertragen daher keinen Frost. Schon bei Temperaturen unter zehn Grad verlieren sie ihre Blätter. Der Raum zum Überwintern sollte hell sein, am besten auf der Fensterbank und eine Temperatur von mindestens 10 bis 15 Grad aufweisen. Die Erde in der Chili-Pflanze möglichst leicht feucht halten, aber darauf achten, dass sie nicht zu nass ist. Sobald sie Früchte trägt, sollte man sie regelmäßig gießen und auch das Düngen nicht vergessen.

S. 17: **Der Klimawandel und seine Folgen**

1. Das Bild bringt zum Ausdruck, dass die Natur durch den Klimawandel zugrunde geht. Klima-wandel ist eine weltweit auftretende Veränderung des Klimas auf der Erde. Die Erderwärmung nimmt derzeit alle zehn Jahre um 0,2 Grad Celsius zu. Es zeigt den Klimawandel mit allen seinen negativen Folgen für die Natur, die Tiere und den Menschen.

2. Die Formulierung „vom Menschen verursachte Klimaveränderung“ sagt aus, dass der Klimawandel vom Menschen verursacht wird. Menschengemachte Treibhausgase sind die Ursache für den aktuellen Klimawandel. Insbesondere die Verbrennung fossiler Energieträger, also Kohle, Erdöl und Erdgas und eine veränderte Landnutzung z. B. durch Rodung von Wäldern haben zu einem dramatischen Anstieg der CO_2-Konzentration geführt.

3. Ursachen des Klimawandels: - massiver Ausstoß von Treibhausgasen (verursacht durch Fabriken, Autos, Flugzeuge, Kreuzfahrtschiffe, Beleuchtung der Städte und Häuser) insbesondere Kohlendioxid (CO_2) durch die Verbrennung fossiler Brennstoffe wie Kohle, Öl und Gas. Diese Treibhausgase reichern sich in der Atmosphäre an und führen zu einem Anstieg der Durchschnittstemperaturen auf der Erde, - Entwaldung, - intensive Landwirtschaft und industrielle Prozesse tragen ebenfalls zur Freisetzung von Treibhausgasen bei.

   Auswirkungen des Klimawandels: - Abschmelzen des Eises an den Polen und Gletschern und damit verbunden der Anstieg des Meeresspiegels, - Zunahme von Wetterereignissen mit Stürmen und heftigen Regenfällen führt zu Hochwasser und Überschwemmungen, - Zunahme von Hitze und Trockenheit führt zu Dürren und Waldbränden, Ernteverlust, Anstieg von hitzebedingten Todesfällen, - Ausbreitung der Wüsten, - Abwandern und Aussterben zahlreichern Tierarten, - Klimawandel führt zu Konflikten z. B. um Wasser, Gefahr der kriegerischen Auseinandersetzung steigt. Bis 2050 rechnet man mit 300 Millionen Umweltflüchtlingen.

4. Klimaaktivismus bedeutet sich für den Umweltschutz einzusetzen. Klimaaktivismus sind Kampagnen, aber auch lokale Aktionen vor Ort, Demonstrationen für den Umweltschutz.

5. Entstehung: Die schwedische Klimaaktivistin Greta Thunberg gründete „Fridays for Future“. Im August 2018 protestierte sie erstmals vor dem schwedischen Parlament für den Klimaschutz. Die Bewegung entstand aus einem Schülerstreik und entwickelte sich zu einer weltweiten Organisation.

   Ziele: - Aufmerksam machen auf den Klimawandel und die daraus folgenden Umweltkatastrophen, - Umstieg auf erneuerbare Energien, - Erreichen, dass Maßnahmen für den Klimaschutz eingeleitet werden, - Kritik an der derzeitigen Klimapolitik, - Erhöhung von Investitionen in erneuerbare Energien, - Ausbau des öffentlichen Nah- und Fernverkehrs, - Stopp der Gewinnung fossiler Brennstoffe, - Absenkung des Wahlalters auf 16 Jahre.

6. Der Begriff \`Nachhaltigkeit´ bedeutet, die Bedürfnisse der Gegenwart so zu befriedigen, dass die Möglichkeiten nachfolgender Generationen nicht eingeschränkt werden. Nachhaltiger leben bedeutet z. B. weniger zu kaufen, aber dafür bessere Produkte. Denn je höher die Qualität der Ware, desto weniger wird weggeworfen.

7. Das Konzept des ökologischen Fußabdruckes wurde 1990 entwickelt und beschreibt die Fläche auf der Erde, die wir Menschen benötigen, um unseren aktuellen Lebensstil zu ermöglichen.

8. Maßnahmen, um den ökologischen Fußabdruck zu verringern: - Konsum tierischer Produkte reduzieren, - saisonal und regional einkaufen, - Lebensmittelverschwendung vermeiden, - nahegelegene Reiseziele bevorzugen, - nur Wohnfläche nutzen, die man braucht, - Energiesparen und Ökostrom nutzen, - den Wasserverbrauch reduzieren, - Nutzung öffentlicher Verkehrsmittel wie Bahn, Bus oder Fahrrad, - nicht alles neu kaufen, - Konsumverhalten auf Notwendiges beschränken, - verpackungsfrei einkaufen, um den so anfallenden Müll zu reduzieren etc.

4. Schöpfung in Gefahr

S. 19: Umweltethik – der richtige Umgang mit der Natur

1. Unter Natur versteht man alle Dinge auf der Erde, die der Mensch nicht geschaffen hat. Dazu zählt sowohl die belebte Natur wie Tiere und Pflanzen als auch die unbelebte Natur wie z. B. Steine und Metalle. Die Natur liefert die Grundlage für unsere menschliche Existenz und schafft Voraussetzungen für die körperliche und geistige Gesundheit sowie für unser Wohlbefinden.

2. Um existieren zu können, braucht der Mensch lebendige Böden, sauberes Wasser, gute Luft etc. Deshalb sollten wir sorgsam mit der Natur umgehen.

3. In den vergangenen Jahrzehnten sind zehn Prozent der natürlichen Vegetation abgeholzt worden. Die Zerstörung ist so groß, dass der östliche Amazonas kein Kohlendioxid mehr absorbiert. Im Jahr 2022 wurden 112.800 Quadratkilometer tropischer Regenwald abgeholzt. Auch die Zahl der Waldbrände im Amazonasgebiet steigt immer mehr an. Dadurch wird ein einzigartiges Ökosystem zerstört. Bis zu 50 Prozent der Bäume sterben. Die Waldbrände hinterlassen verkohlte Gebiete und können sich auch auf andere Wälder auswirken.

4. Gründe: - Herstellen von Waren und Produkten, die für den Export bestimmt sind wie z. B. - Edelhölzer, - Anbau von Soja, - Palmöl- und Holzplantagen zur Papierherstellung, - Rinderhaltung, - Infrastrukturprojekte wie z. B. Staudämme etc.
   Folgen: - viele Tier- und Pflanzenarten sterben für immer aus, - das Klima heizt sich auf, - es entstehen immer mehr Savannen und Wüsten, - die Ureinwohner im Amazonasgebiet verlieren ihre Heimat etc.

5. Dadurch, dass wir die Wälder vernichten, zerstören wir unsere Lebensgrundlage. Auch in Deutschland werden pro Jahr 13 Millionen Hektar Wald durch Abholzung vernichtet. Gesunder Wald wird umgewandelt in Nutzflächen für die Landwirtschaft. In Europa gibt es im Gegensatz zum tropischen Regenwald keine ursprünglichen Wälder mehr. Dadurch haben unsere Wälder nie die Artenvielfalt, Konstanz und Schönheit, wie man sie in tropischen Wäldern findet.

6. **a)** Thorsten meint damit, dass die genannten Maßnahmen nicht ausreichen, um sich als Umweltschützer zu bezeichnen.
   b) Man kann nicht ein Naturgut gegen ein anderes aufwiegen.

7. individuelle Schülerantworten

8. Verzichten kann man z. B. auf kleine Elektrogeräte wie elektrische Zahnbürste, Dosenöffner, aber auch der Wäschetrockner verbraucht viel Strom.

9. Mind-Map zum Thema „Eigener Einsatz für eine lebenswerte Umwelt"

10. Möglichkeiten des Umweltschutzes – Was kann der Einzelne tun?
    (1) weniger Müll verursachen, z. B. Produkte kaufen, die nicht in Plastik verpackt sind,
    (2) Dinge und Materialien wiederverwenden, z. B. alte Kleidung oder Textilien recyclen,
    (3) weniger konsumieren, z. B. sich auf Dinge beschränken, die man wirklich braucht,
    (4) nachhaltiger essen, z. B. bevorzugt regionale und saisonale Produkte kaufen,
    (5) weniger Lebensmittel wegwerfen, z. B. Lebensmittel, die nicht verwendet werden einfrieren,
    (6) Wasser sparsam verwenden, z. B. Duschen ist besser als Baden, Wasser beim Duschen oder Zähneputzen kurz abstellen, schont nicht nur die Umwelt, sondern auch den Geldbeutel,
    (7) Weniger Auto fahren, z. B. öffentliche Verkehrsmittel wie Bahn benutzen, Fahrgemeinschaften bilden, bei kurzen Wegen Fahrrad fahren oder zu Fuß gehen,
    (8) Strom sparen, z. B. Energiesparlampen benutzen, elektronische Geräte nach Gebrauch ausschalten,
    (9) Heizenergie sparen, z. B. öfters Stoßlüften, Raumtemperatur um 1 Grad herunterdrehen,
    (10) Kühlschrank richtig nutzen, z. B. Lebensmittel auf Raumtemperatur abkühlen lassen, regelmäßig abtauen, bei längerer Abwesenheit den Kühlschrank abschalten.

S. 20: Das Hundertwasser-Haus in Wien

1. Das Hundertwasser-Haus in Wien wurde von dem Künstler Friedensreich Hundertwasser, der mit bürgerlichem Namen Friedrich Stowasser hieß, entworfen. Die Außenfassade des Hauses ist mit bunten Farben verziert. Das Gebäude hat ungleichmäßig geformte, bemalte und begrünte Fenster. Durch die mehr als 250 Bäume und Sträucher auf den Balkonen und Terrassen des Gebäudes entstand eine grüne Oase mitten in der Stadt.

2. Das Hundertwasser-Haus in Wien hat im Gegensatz zu anderen Häusern keine geraden Linien. Durch die vielen Bäume und Sträucher und die teilweise mit grün bepflanzten Fenstern wurde die Naturverbundenheit des Künstlers zum Ausdruck gebracht. Bei dem Gebäude benutzte er kräftige Farben. Dabei baute er in den Farben häufig Mosaikbänder ein.

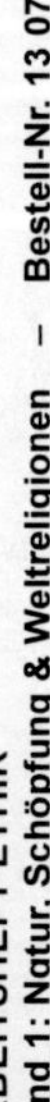

4. Schöpfung in Gefahr

S. 20: Das Hundertwasser-Haus in Wien

3. individuelle Schülerantwort

4. Die Menschen sind abhängig von einer intakten und vielfältigen Natur. Wälder tragen zum Klimaschutz bei. Naturräume und viel Grün brauchen wir zur Erholung und Regeneration. Man denke in diesem Zusammenhang nur an das „Waldbaden".

5. In Städten sollte mehr solche Häuser gebaut werden, insbesondere sollten grüne Oasen eingerichtet werden, die zur Erholung und Entspannung dienen.

6. individuelle Schülerantworten

7. Chancen: Die Städte der Zukunft sollten: - CO_2-neutral sein, - umweltschonend, - lärmarm, - grün, -kompakt, - alles sollte gut ohne Auto erreichbar sein, - gute Anbindung an den Arbeitsplatz, - großzügige Wohnanlagen etc.
   Risiken: - Arbeitslosigkeit, - Wohnungsnot, - explodierende Mietpreise, - zunehmende Kriminalität, - Migration, - Gewalttätigkeit, - Armut etc.

8. individuelle Schülerantwort

   Vorteile des Lebens auf dem Land: - günstigere Immobilienpreise, - gesündere Luft, - ruhiges und entspanntes Leben, - Nähe zur Natur, - weniger Stress, - stärkeres Gemeinschaftsgefühl und Zusammenhalt.

   Nachteile des Lebens auf dem Land: - kaum kulturelle Angebote wie Theater, Kino, - meist schlechte Infrastruktur, weniger Möglichkeiten der Freizeitgestaltung wie z. B. Schwimmbad, Fitnessstudio etc.; - erhöhte Fahrtkosten zur Arbeitsstelle, - Ärzte, Einkaufsmöglichkeiten und Dienstleistungen wie Friseure oft nicht vorhanden oder schwer erreichbar.

9. Maßnahmen, um die Wohnqualität in den Städten zu verbessern:
   - bezahlbaren Wohnraum schaffen, - verkehrsberuhigte Innenstadt: Verbot des Fahrzeugverkehrs in der Innenstadt, - Fahrradwege in den Städten ausbauen, - Vergrößerung des Stadtparks, - Spielplätze mit attraktivem Spielangebot, - grüne Oasen mit Springbrunnen, - Elektrosmog vermeiden z. B. Handys in öffentlichen Verkehrsmitteln und Cafes ausschalten etc.

5. Achtung der Schöpfung am Beispiel von Vorbildern

S. 21/22: Franz von Assisi (1182-1226) – Lückentext

Heiliger, Assisi, Schreiben, Ritter, Krankheit, Leprakranke, Tuchballen, Bischofs, Einsiedlerleben, Besitz, Messe, Gutes, zwölf Apostel, Schöpfung, Blätterwedeln, Klöster, Sonnengesang, Ordensregeln, Europa, Gesundheit, Portiuncula, Kosmos, Gebete, Minnesang, Briefe, Italiens, Schiffbrüchigen, Jorge Bergoglio

S. 23/24: Albert Schweitzer (1875-1965) – Lückentext

Kaysersberg, Günsbach, Leid, Tieren, Orgel, Musterschüler, Abiturprüfung, Paris, Charles Widor, Doktorprüfung, Vikar, Theologie, Missionsgesellschaft, Ärzte, Medizin, Tropenkrankheiten, Rhena, Lambarene, Spenden, Franzosen, ethische Formel, Insekt, Fenster, Tümpel, Musikgeschichte, Weltbürger, Kriegen, Tümpel, Goethepreis

S. 24: Fragen zu Albert Schweitzer

1. Albert Schweitzer hatte eine einzigartige Kindheit und Jugend. Er fühlte sich deshalb dazu berufen, anderen Menschen zu helfen, das Leid der anderen zu lindern. 1904 las er einen Artikel in den Monatsheften der Pariser Missionsgesellschaft über die Not und das Leiden der Menschen in Afrika. Dort wurden dringend Ärzte gesucht und er beschloss daraufhin Medizin zu studieren und als Arzt nach Afrika zu gehen. Er wollte in Afrika den Ärmsten helfen.

2. Seine Eltern, seine Freunde und Bekannte waren über den Entschluss Albert Schweitzers mit 30 Jahren, noch einmal von vorne anzufangen und Medizin zu studieren und anschließend nach Afrika zu gehen nicht erfreut. Sie verstanden ihn nicht und waren fassungslos Er hatte schon so viel erreicht, hatte zwei Doktortitel und einen sicheren Posten an der Universität Strassburg. Er hatte eine glänzende Karriere als Orgelinterpret und Theologieprofessor vor sich. Wie konnte er das alles aufgeben und gegen eine unsichere Zukunft im gefährlichen Afrika eintauschen? Nur seine Frau verstand ihn. Sie ließ sich sogar als Krankenschwester ausbilden, um ihm zu helfen. Zusammen mit ihr baute er in dem kleinen Dorf Lambarene in Gabun ein Urwaldkrankenhaus auf.

3. Albert Schweitzer kam aus einem Pfarrershaushalt. Dies hat ihn sicherlich beeinflusst Theologie und Philosophie zu studieren. Sein Werdegang als Gelehrter schien vorherbestimmt. Er studierte, wie sein Vater und Großvater, evangelische Theologie und Philosophie und wurde Prediger und Vikar, schließlich sogar Hochschullehrer. Aber diese Tätigkeit füllte ihn nicht aus. Nur Reden war ihm nicht genug, er wollte etwas Gutes tun und den Menschen helfen.

ARBEITSHEFT ETHIK Band 1: Natur, Schöpfung & Weltreligionen – Bestell-Nr. 13 070

5. Achtung der Schöpfung am Beispiel von Vorbildern

S. 24: Fragen zu Albert Schweitzer

4. Das Hospital wurde im Laufe der Jahrzehnte immer weiter ausgebaut. Es nimmt jährlich an die Tausend Patienten auf. Heutzutage beherbergt das Albert-Schweitzer-Spital Abteilungen für innere Medizin, Chirurgie, Pädiatrie, eine Geburtsklinik, eine Zahnklinik und ein Forschungslabor, das sich auf die Erforschung der Malaria-Erkrankung spezialisiert hat. Ärzte und Krankenschwestern aus der ganzen Welt arbeiten heute in dem Hospital (Ärzte ohne Grenzen).

S. 25: Jugendeindrücke Albert Schweitzers

4. Seid dankbar in allen Dingen / 5. Tiere dürfen nicht getötet werden / 7. Musik macht das Leben schöner / 8. Wir müssen Leid und Not mittragen

S. 25/26: Das Albert-Schweitzer-Quiz

1. Kaysersberg, **2.** Pfarrer, **3.** Günsbach, **4.** Orgel, **5.** Mülhausen, **6.** Theologie, Philosophie, **7.** Strassburg, Paris, Berlin, **8.** Johann Sebastian Bach, **9.** Charles Widor, **10.** Vikar, **11.** Strassburger Predigten, **12.** Medizin, **13.** Helene Bresslau, **14.** Lambarene, **15.** Ogowe, Gabun, **16.** Zwischen Wasser und Urwald, **17.** Rhena, **18.** Goethepreis, **19.** Friedensnobelpreis

Albert Schweitzers ethische Formel: **„Ehrfurcht vor dem Leben"**

S. 26: Albert Schweitzer – einer der bedeutendsten Denker des 20. Jahrhunderts

Tätigkeiten Albert Schweizers
- Theologe, - Philosoph, - Musiker, - Organist, - Hochschullehrer, - Arzt, - Entwicklungshelfer, - Architekt,
- Schriftsteller

Preise, die er verliehen bekam: 1928 Goethepreis der Stadt Frankfurt, 1951 Friedenspreis des deutschen Buchhandels, 1952 Friedensnobelpreis für seinen Einsatz gegen das atomare Wettrüsten

Albert Schweitzers berühmte ethische Formel: „Ehrfurcht vor dem Leben"

Was besagt seine ethische Formel: Albert Schweitzer ruft die Menschheit auf zur Ethik vor dem Leben. Diese Ethik macht keinen Unterschied zwischen wertvollem und weniger wertvollem, höheren und niederem Leben. Das Leben als solches war Albert Schweitzer heilig. Er kümmerte sich nicht nur um kranke Menschen, sondern auch um verletzte und kranke Tiere. Er riss keine Blätter von den Bäumen ab, knickte keine Blumen und achtete darauf, dass er kein Insekt zertrat.

Was ist deiner Ansicht nach das Besondere an Albert Schweitzer? – Was können wir von ihm lernen?
Albert Schweitzer war ein Mann mit viel Toleranz und Hilfsbereitschaft. Er hatte Achtung vor der Würde des Menschen. Sein Lebensmotto war die Nächstenliebe. Er setzte sich ein für verfolgte und bedrohte Menschen. Albert Schweitzer trat ein für den Weltfrieden, erhob seine Stimme gegen den Wahnsinn des Wettrüstens und gegen die Atomkriegsgefahr. Er wollte den Ärmeren und Schwächeren auf der ganzen Welt helfen.

S. 27: Das Dschungelkind

1. Verhalten der Familienmitglieder:

Herr und Frau Kuegler: Sie hatten die Absicht, mit Insektenspray bewaffnet, das Innere des Hauses so gut wie möglich von Ungeziefer zu befreien.

Sabine und ihr Bruder Christian: Beide waren begeistert von der Vielfalt der Insekten und wollten sie retten. Sabine sammelte alles Getier auf und warf es nach draußen. Aber die Tiere krochen wieder zurück ins Haus und ihre Mutter schickte sie und Christian dorthin „wo der Pfeffer wächst".

2. individuelle Schülerantworten

3. Christian und Sabine wollten die Tiere retten. Sabine sammelte alles, was da kroch und krabbelte in Gläser und warf es nach draußen.

4. Im Dschungel kann man viel von der Natur lernen. Sabine spielt draußen am Fluss, lernt fischen, mit Pfeil und Bogen zu schießen und den Urwald zu schätzen und zu lieben. Sie kennt sich aus mit Pflanzen und ihren Wirkstoffen. Doch leider lernt sie auch die negativen Seiten des Dschungellebens kennen wie z. B. viele Krankheiten, wie die Malaria, die durch die Mücken übertragen wird und für die es kein Medikament gibt. Die vielen gefährlichen Tiere im Urwald, wie giftige Schlangen, Skorpione und andere. Sie lernt die Fayu, einen Urwaldstamm kennen, der keine Liebe und Vergebung kennt und erlebt die kriegerischen Auseinandersetzungen dieses Urwaldstammes.

5. Sabine fühlte sich, als sie nach längerer Abwesenheit wieder in den Dschungel zurückkehrte hin- und hergerissen zwischen zwei Welten, die unterschiedlicher nicht sein konnten. Sie wusste nicht mehr, wo sie hingehörte.

6. Die Weltreligionen

S. 28/29: Das Judentum

Symbol: Davidstern. Er besteht aus zwei Dreiecken, die miteinander verbunden sind.
Entstehung: ca. 3000 v. Chr.
Anzahl der Anhänger: weltweit 15 Millionen
Länder: Israel, USA, Frankreich, Kanada etc.
Gebetshaus: Synagoge
religiöse Gegenstände: Menora (siebenarmige Leuchter), Gebetsmantel, Gebetsriemen, Kippa, Thorarolle etc.
Rituale: Jungen werden acht Tage nach ihrer Geburt beschnitten. Bar Mizwa oder Bat Mizwat. An diesem Tag dürfen Kinder zum ersten Mal in der Synagoge aus der Thora vorlesen.
Heilige Buch: Thora
wichtige Feste: Sabbat, Pessach-Fest
bedeutende Orte: Israel mit der Hauptstadt Jerusalem
heilige Vertreter: Verehrung von Heiligen ist verboten. Wichtige Personen sind die Propheten aus dem Alten Testament und Mose
Kleidung: Juden müssen im Gottesdienst die Kippa, Gebetsmantel und Gebetsriemen tragen.
Speisevorschriften: Es dürfen nur koschere Speisen gegessen werden, Fleisch- und Milchspeisen dürfen nicht zusammen zubereitet und gegessen werden.
Fasten: es gibt bestimmte Tage, an denen gefastet werden soll
Lebensformen: Zusammenhalt in der Gemeinde und in der Familie, es existieren keine Orden oder Klöster

S. 30/31: Das Christentum

Symbol: Das Kreuz. Es erinnert an den Tod Jesu am Kreuz.
Entstehung: 1. Jahrhundert nach Christus.
Anzahl der Anhänger: weltweit 2,3 Milliarden
Länder: Europa, USA, Brasilien, Mexiko etc.
Gebetshaus: Kirche
religiöse Gegenstände: Kreuz, Rosenkranz (kath. Kirche)
Rituale: Taufe, Konfirmation bzw. Kommunion, Firmung, Abendmahl
Heilige Buch: Bibel (Altes u. Neues Testament
wichtige Feste: Weihnachten, Karfreitag, Ostern, Himmelfahrt, Pfingsten
bedeutende Orte: Jesus Geburtsort Bethlehem, Nazareth (Wohnort Jesu), Jerusalem
heilige Vertreter: Papst ist das Oberhaupt der katholischen Kirche
Kleidung: Mönche und Nonnen tragen ihre Ordenskleidung,
Speisevorschriften: kein Fleisch am Karfreitag
Fasten: freiwillig, Beginn 40 Tage vor Ostern am Aschermittwoch und dauert bis Karfreitag
Lebensformen: katholische Priester, Mönche und Nonnen dürfen nicht heiraten

S. 32/33: Der Islam

Symbol: Mondsichel mit Stern
Entstehung: 7. Jahrhundert nach Christus
Anzahl der Anhänger: weltweit 1,6 Milliarden
Länder: Türkei, Afghanistan, Irak, Pakistan, Saudi-Arabien etc.
Gebetshaus: Moschee
religiöses Heiligtum: Kaaba in Mekka, die Gläubige einmal in ihrem Leben für 7-mal umrunden sollen
Rituale: Die fünf Säulen: das Glaubensbekenntnis, das fünfmalige tägliche Gebet, die Pflichtabgabe, das Fasten im Monat Ramadan, die Pilgerfahrt nach Mekka
Heilige Buch: Koran
wichtige Feste: Opferfest, Ramadan-/Zuckerfest
bedeutende Orte: Mekka (Geburtsort des Propheten Mohammed)
heilige Vertreter: Mohammed, Propheten wie Noah, Abraham und Moses
Kleidung: Muslime sollen ihren Körper bedecken, Frauen sollen Kopftücher tragen
Speisevorschriften: Verboten ist Schweinefleisch und alle Lebensmittel, die Bestandteile vom Schwein enthalten, Alkohol ist verboten
Fasten: Im Fastenmonat Ramadan dürfen Muslime von tagsüber nichts essen und trinken. Alte, Kranke, Schwangere und Kinder sind davon befreit
Lebensformen: Muslime dürfen nach dem Koran bis zu vier Frauen gleichzeitig heiraten. (Vielehe)

S. 34/35: Der Hinduismus

Symbol: OM-Zeichen
Entstehung: 18. Jahrhundert vor Chr.
Anzahl der Anhänger: weltweit 940 Millionen
Länder: Indien, Nepal, Bangladesch, Sri Lanka, Bali, Mauritius, Südafrika, Fidschi, Singapur, Malaysia, Trinidad
Gebetshaus: Tempel

6. Die Weltreligionen

S. 34/35: Der Hinduismus

religiöses Heiligtum: Mandi-Tempel
Rituale: Baden im Fluss heiligen Fluss Ganges
Heilige Buch: Veden
wichtige Feste: Divali-Fest (Neujahrsfest), Holi-Fest (Frühlingsfest)
bedeutende Orte: die Stadt Varanasi in Indien, auch Benares genannt, gilt als die Stadt des Gottes Shiva, der Fluss Ganges, wer darin badet kann sich von bösen Taten reinwaschen
heilige Vertreter: Mahatma Gandhi
Kleidung: weite, bunte, luftige Kleidung, Frauen tragen Sari, die um den Körper gewickelt werden. Auf der Stirn tragen sie einen roten Punkt, der den Schutz eines ihrer Götter zeigt.
Speisevorschriften: viele Hindus sind Vegetarier, weil sie keinem Lebewesen Leid zufügen möchten. Hindus glauben an die Wiedergeburt und die Seelenwanderung. Auch in jedem Tier kann man wiedergeboren werden. Kühe sind heilig, deshalb ist verboten Rindfleisch zu essen.
Fasten: freiwillig, keine allgemeinen Regeln; man kann fasten, um die Seele zu reinigen
Lebensformen: religiöse Lehrer, die Gurus, verzichten auf Luxus und eigenen Besitz und ziehen als Wanderprediger durchs Land.

S. 36/37: Der Buddhismus

Symbol: Rad der Lehre. Es hat acht Speichen, die den achtfachen Pfad symbolisieren.
Entstehung: 6. Jahrhundert vor Christus
Anzahl der Anhänger: weltweit 460 Millionen
Länder: Thailand, Nepal, China, Japan, Sri Lanka, Tibet, Bhutan, Mongolei, Myanmar etc.
religiöses Heiligtum: Pagode (Tempel)
Rituale: Glaube an die Drei Juwelen
Heilige Buch: Pali-Kanon
wichtige Feste: Wesak-Fest (Geburt des Buddha), Yan Dan (Neujahrsfest)
bedeutende Orte: Lumbini in Nepal (Geburtsort von Buddha), Bodh Gaya (Erleuchtung Buddhas)
heilige Vertreter: Dalai Lama
Kleidung: Mönche und Nonnen müssen ihre Haare abrasieren und tragen orangefarbene Gewänder.
Speisevorschriften: vorwiegend vegetarische Lebensweise, buddhistische Mönche essen nur das, was sie gespendet bekommen.
Fasten: keine einheitlichen Fastenrituale
Lebensformen: In Klöstern leben buddhistische Mönche und Nonnen zurückgezogen und ohne Besitz, um zu meditieren. Sie bekommen Medizin, Nahrung, Kleidung gespendet.

S. 38: Quiz über die Weltreligionen

1. Judentum, **2.** Thora, **3.** Sabbat, **4.** Synagoge, **5.** Christentum, **6.** Jesus Christus, **7.** Kreuzigung, **8.** Paulus, **9.** Evangelisten, **10.** Papst, **11.** Martin Luther, **12.** Bibel, **13.** Mohammed, **14.** Gabriel, **15.** fünf, **16.** die fünf Säulen, **17.** Ramadan, **18.** Koran, **19.** Zuckerfest, **20.** Moschee, **21.** Ganesha, **22.** Holi-Fest, **23.** Tempel, **24.** Wiedergeburt, **25.** Mahatma Gandhi, **26.** Siddhartha Gautama, **27.** Wesak-Fest

Lösungswort: Glaubensgemeinschaft

S. 39: Die fünf Weltreligionen im Vergleich

	Judentum	Christentum	Islam	Buddhismus	Hinduismus
Gründer	kein Gründer	Jesus Christus	Mohammed	Buddha	kein Gründer
Heiliges Buch	Thora	Bibel	Koran	Pali-Kanon	Veden
Gottheit	Jahwe	Gott	Allah	kein Gott	Millionen Götter
Gottes-haus	Synagoge	Kirche	Moschee	Tempel/Pagode	Tempel/Mandira

ARBEITSHEFT ETHIK
Band 1: Natur, Schöpfung & Weltreligionen – Bestell-Nr. 13 070
KOHL VERLAG

Abstract

Der Ethikband 1 „Natur, Schöpfung & Weltreligionen" behandelt wichtige Themen aus dem Bereich Umweltschutz und Weltreligionen. Er orientiert sich an den Lehrplänen und lässt sich jederzeit ohne Vorbereitungsaufwand im Ethik- und Religionsunterricht beider Konfessionen in den Klassen 5-10 einsetzen. In den Fächern Ethik und Religion versuchen Lehrkräfte bei den Schülern und Schülerinnen Bewusstsein für die Grundfragen des menschlichen Daseins zu schaffen. Die von der Autorin zusammengestellten Unterrichtshilfen bringen Abwechslung, Farbe und Humor in die tiefen Auseinandersetzungen menschlichen Lebens.

Als Kopiervorlagen im Ethik- und Religionsunterricht beider Konfessionen empfehlenswert!

Aus dem Inhalt:

- Naturwissenschaft und Glaube
- Weltbilder im Wandel
- Bedeutende Astronomen, Gelehrte und Forscher
- Galileo Galilei, Johannes Kepler, Isaak Newton
- Schöpfung in Gefahr
- Die letzten Tage der Schöpfung
- Der Klimawandel und seine Folgen
- Umweltethik – der richtige Umgang mit der Natur
- Das Hundert-Wasserhaus in Wien
- Achtung der Schöpfung am Beispiel historischer Vorbilder
- Franz von Assisi und Albert Schweitzer
- Die fünf Weltreligionen – ihre Grundlagen, Gemeinsamkeiten und Unterschiede

Zur Autorin:

Dr. phil. Elisabeth Höhn, Lehrerin an verschiedenen Schulen, Dozentin an Berufsfachschulen und Fachakademien (Unterrichtsschwerpunkte: evangelische Religionslehre, Deutsch, Sozialkunde, Ethik, Pädagogik, Psychologie, Soziologie), Autorin mehrerer Schul- und Rätselbücher.

Literaturverzeichnis

Anthony, H. D.: Sir Isaac Newton. London, 1960.
Bähr, H. W. (Hrsg.): Begegnung mit Albert Schweitzer. München, 1965.
Carrier, M.: Nikolaus Kopernikus. München, 2001.
Caspar, M.: Johannes Kepler. Stuttgart, 1985.
Clarke, P. B. (Hrsg.): Atlas der Weltreligionen – Entstehung, Entwicklung, Glaubensinhalte. Wien, 1993.
Dieterich, V.-J.: Franz von Assisi. Reinbek bei Hamburg, 1995.
Gerlach, F. / Knöpfel. E.: Die Schöpfung bewahren. Wuppertal, 1985.
Häusler, G., Euringer, M. (Hrsg): Unterrichtswerk für den Ethikunterricht am Gymnasium. 8. Jahrgangsstufe, Ernst Klett Verlag Stuttgart 2010.
Hemleben, J.: Galileo Galilei in Selbstzeugnissen und Bilddokumenten. Reinbek 1969.
Jöckers, D.: 40 schönste religiöse Kinderlieder (inkl. Liederbuch-Download).
Kuegler, S.: Das Dschungelkind, Verlag Droemer/Knaur 2006.
Link, C.: Schöpfung. Gütersloh, o. J.
Schweitzer, A.: Aus meinem Leben und Denken. Hamburg 1975.
Steffahn, H. (Hrsg.): Albert Schweitzer in Selbstzeugnissen und Bilddokumenten. Reinbek bei Hamburg, 1979.
Zink, J.: Augenzeugen der Schöpfung. Stuttgart 1989.